‖ 인문교양총서 18

임나일본부설, 다시 되살아나는 망령

●

주 보 돈

저자 주보돈__경북대학교 사학과 교수

저자 주보돈은 1983년 이후 지금까지 경북대학교에서 한국고대사를 가르쳐 왔으며, 신라
사와 가야사를 중심 연구 대상으로 삼고 있다. 최근에는 연구의 범위를 넓혀서 백제사, 고
대한일관계사까지도 다룬다. 그 가운데 특히 고대사연구방법론에 많은 관심을 두고 있다.
고대사 논문이 방법론을 무시하게 되면 자칫 픽션으로 전락될 우려가 뒤따르기 때문이다.
연구 성과가 연구자들의 전유물인 양 폐쇄성을 지닌 점을 심각하게 반성하고 그를 대중화
하려는 쪽으로 눈을 돌려가고 있다. 임나일본부를 다룬 대중서를 기획한 것도 그 일환이
다. 앞으로도 대중화를 유념한 글을 지속적으로 쓰고 싶어 한다.

주요 저서로는 『신라 지방통치체제의 정비과정과 촌락』, 『금석문과 신라사』, 『가야사연구』
(공저), 『대가야 들여다보기』(공저), 『가야, 잊혀진 이름 빛나는 유산』(공저) 등이 있다.

경북대 인문교양총서 ⑱
임나일본부설, 다시 되살아나는 망령

초판 인쇄 2012년 7월 20일
초판 발행 2012년 7월 30일

지은이 주보돈
기 획 경북대학교 인문대학
펴낸이 이대현
편 집 이소희 권분옥 박선주
디자인 이홍주
마케팅 박태훈 안현진

펴낸곳 도서출판 역락
주 소 서울시 서초구 반포4동 577-25 문창빌딩 2층
전 화 02-3409-2060(편집), 2058(마케팅)
팩 스 02-3409-2059
등 록 1999년 4월 19일 제303-2002-000014호
전자우편 youkrack@hanmail.net

값 9,000원
ISBN 978-89-5556-545-4 04910
      978-89-5556-896-7 세트

인문교양총서 018

임나일본부설,
다시 되살아나는 망령

주보돈 지음

역락

이 책을 쓰기로 마음먹고서 책상머리에 앉아 무엇으로부터 시작할까를 생각하다가 연구실 바깥을 물끄러미 바라보면서 상념에 잠긴다. 문득 80년대 대학 교정의 단상들이 주마등처럼 머리를 스친다. 밖에서는 어제처럼, 또 어제의 어제처럼, 데모가 한창 진행 중이다. '민주주의 쟁취', '독재타도'란 구호가 들리는가 싶더니 펑펑 포탄 터지는 소리가 이어진다. 곧바로 최루탄 가스 냄새, 재채기, 그리고 눈물이 뒤범벅된다. 다시 역사의 현장으로 뛰쳐나가 볼까 어쩔까를 망설이다가 그냥 주저앉고 만다. 언제 잠잠해지려나. 과거를 떨치고서 현실로 되돌아온다. 이제 바깥은 조용하다.

당시 30년 전 무렵 나는 갓 출발한 연구자였다. 한창 피 끓는 연구자였다. 밖에서 벌어지는 정경을 떠올리면서 앞으로 우리는 과연 무엇을 할 수 있을까, 무엇을 해야 하는가, 그리고 무엇을 하지 않으면 안 되는가를 심각하게 고민하였다. 특히 역사학도로서 참담한 현실 앞에서 어떤 일을 어떻게 감당하는 것이 바람직한가, 역사적 현실 앞에서 어떻게 행위하여야 부끄럽지 않을 것인가를 고민하였다. 해가 지면 삼삼오오 선술집 귀퉁이에서 암울한 현실을, 사회를, 국가의 장래를 걱정하고 또 번민하면서 만취하였다. 그럴 수밖에 없었다. 깨어나서는 한갓 공허한 이야기만 하지 말자고, 무엇인가 현실적으로 도움이 될 만한 일을 실행에 옮기자고 다짐하고 또 다짐하였다.

되돌아보니 이제는 오히려 그 때가 정말 정겹고 그립게 느껴지는 세월이다. 그렇게 힘들기는 하였으나 언제나 밑으로부터 강력하게 솟구치는 힘으로, 그것이 희망으로 바뀌는 느낌을 가졌다. 그 장면을 회상하면 시계를 되돌리고 싶다고 느낀 때가 한두 번이 아니다. 너무도 각박해진 오늘과 알게 모르게 대비되기 때문인가.

그때 나는 교양학부 한국사 강의 내용의 무게 중심을 일제의 식민주의사학이란 주제에 두고 있었다. 식민주의사학이란 제국주의가 한국의 침략을 역사적으로 정당화하고 미화하려는 근거를 한국사 속에서 찾아 진행한 역사 연구를 총칭하는 용어이다. 식민주의사학이 구축해 놓은 인식은 단지 흘러간 과거의 일로 머물지 않았다. 바로 현재 진행형이었으며, 또 앞으로 닥칠 미래의 문제였다. 당시 과거의 피식민지 백성은 독재 권력의 압제에 신음하며 허덕거리고 있을 때 제국주의 후예들은 급속하게 일구어낸 경제 성장을 발판으로 세계 곳곳을 누비면서 자본축적을 뽐내고 있었다. 세계를 대상으로 엄청나게 많은 부동산과 미술품을 닥치는 대로 끌어 모았다. 그런 분위기에 편승하여 그 일각에서는 과거에로 회귀하려는 우경화의 움직임이 뚜렷하게 부상하고 있었다. 역사적 경험으로 그것은 우리에게, 아니 나에게는 심히 우려할 만한 현상으로 포착되었다. 그래서 강의 방향을 자연히 일제의 식민지배로 잡았다. 그에 비추어 보면서 우리의 당면 현실인 정치적 독재권력 문제도 함께 다루어보고자 하였다. 그것이 치밀어 오르는 분노와 울분을 삭이는 하나의 방편이기도 하였다.

식민주의사학 가운데서도 특히 가장 주요하게 다룬 대상이 바로 임나일본부설이었다. 역사적 과거와 현실을 연결할 때 대단히 유효한 대상이라고 여겨 비중을 크게 두었던 것으로 기억된다. 아무리 지난 역사라도 현실과 완전하게 유리될 수는 없는 법이며 강약의 차이는 있더라도 살아 숨쉰다. 그럴 때 임나일본부 문제는 그냥 지나칠 수 없는 대상이 된다. 그래서 당시 교양과목이면서도 제법 깊이 다루었던 것 같다. 그러다가 90년대에 들어와 현실의 문제가 어느 정도 진정되었다고 판단하면서 시의에 맞추어 방향을 다른 곳으로 돌려 강의시간에는 그 문제를 거의 다루지 않았다. 그런데 이제 다시 이미 한물갔다고 여겨질지도 모를 주제를 새삼 들추어내어야겠다는 생각을 갖기에 이르렀다. 왜 그럴까.

최근 안팎의 정세를 살피면서 다시 그 시절이 회상되었다. 현재는 마치 지나간 시간을 되돌려 놓은 듯한 느낌이다. 책상 서랍 깊숙이 갈무리해 둔 메모지들을 깨내었다. 마음이 앞선 나머지 열정만으로 정리하려고 애써다 보니 생각만큼 그리 쉽지는 않았다. 대중을 대상으로 하는 글을 쓰는 데에 익숙하지가 않은 탓이다. 어떤 단어를 선택할지, 또 표현은 어느 것이 최상일지 망설여지는 지점이 너무 많다.

여러 모로 30년 세월의 간극(間隙)을 온몸으로 느낀다. 글을 마무리하면서도 설정한 목표가 제대로 달성되리란 기대는 애초부터 포기하였다. 다만 가능하면 바뀐 상황과 새로운 자료를 충실하게 반영하여 나름대로 최선의 노력을 기울인 것은 자신하고 있다. 미흡하나마 일단 생산을 해두고 모자라는 부분은 앞으로 더 채워 넣을 생각이다. 부디 낡은 이야기로만 여기지 말았으면 한다. 앞으로의 문제란 생각으로 책을 덮지 말고 인내하면서 끝까지 읽어주는 사람이 한 사람이라도 있다면 더할 나위없는 다행으로 여기겠다.

차례

들어가면서

역사란 무엇일까? 우리는 왜 굳이 흘러가버린 과거를 되돌아보고 역사를 알려고 하는가? 사실 과거를 제대로 기억하지 못하는 인간에게 미래의 올곧은 삶이 정상적으로 영위되기를 기대하란 힘든 것과 마찬가지로 인간 집단에게 역사가 없다면 나아가야 할 방향을 올바르게 설정할 수 없을 터이다. 그런 측면에서 인간으로서 역사를 알아야 하는 당위성에 대해서는 새삼스레 말할 필요가 없을 것 같다. 따라서 어쩌면 던져야 할 정당한 질문은 '역사란 과연 무엇인가'라는 물음일지도 모른다. 그러나 이런 철학적 의문에 대해 이미 오래 전부터 많은 사람들에 의하여 너무나 다양한 해답이 주어진 상태이다. 아직 견해가 크게 엇갈려 있으므로 한마디로 잘라서 대답하기가 곤란한 실정이다. 그래서 어쩌면 우리에게 현실적으로 가장 요긴한 질문은 차라리 '역사란 무엇인가'가 아니라 일반적으로 사용하는 역사라는 용어에는 어떤 의미가 깃들어 있는가를 제대로 정의(定義)하는 일이 아닐까 싶다.

우리가 일반적으로 사용하는 역사란 용어는 대체로 세 가지 의미를 지닌다. 첫째, 현재란 시점으로부터 흘러간 과거에 일어난 모든 사건·사실을 의미하는 경우이다. 이를 흔히 '넓은 의미의 역사'라 일컫는다. 이들이 당시 인간의 삶에 끼친 영향의 정도는 한결같지가 않았을 터이다. 그 정도가 대단히 미미한 경우도 있었겠고, 반면 엄청나게 크게 충격을 던진 경우도 있어 각각이 지닌 무게가 달랐을 것임은 쉬이 추정할 수 있는 일이다. 후자는 그를 경험한 사람 혹은 집단에 의해 오래도록 기억(記憶)되고 마침내는 그 가운데 일부가 기록(記錄)으로 남겨지기까지 한다. 물론 경험(혹은 목격)하자마자 즉시 기록되기도 하였을 터이지만 입에서 입으로 전승(傳承)되다가 기록되거나 다시 그로부터 한층 오랜 세월이 흐르고 난 뒷날 기록되기도 하였을 것이다. 이들 기록으로 남겨진 사건·사실만을 한정하여 이른바 '기록으로서의 역사'라고 부른다. 이는 한편 '좁은 의미의 역사'라 이름 할 수 있으며 역사란 용어에 내재된 두 번째 의미이다.

기록으로 남겨졌다고 모두가 오늘날에 이르러서도 여전히 동등한 무게를 지니는 것은 결코 아니겠다. 당시에는 상당한 의미가 부여되었고 또 그로 말미암아 일정한 비중을 지녔다 하더라도 현재에는 그와 같은 무게를 지니지 못하는 경우도 있고 또 때로는 그 반대인 경우도 당연히 있을 터이다. 이들 기록을 매개로 지나간 과거의 사실을 전문적으로 복원해내는 데 종사하는 사람을 총칭하여 역사가(歷史家)라 부른다. 그런데 역사가라고 하더라고 모두가 비슷한 시각(視覺)과 입장을 지니는 것은 아니다. 어쩌면 역사가들이 똑 같은 시각과 입장을 지닌 사람은 단 한 사람도 없다 하여도 지나치지 않을 것 같다. 각각의 살아온 환경이 달라 정치적·사회적 입장과 식견(識見)에서 차이가 나고 또 계급적 기반을 원천적으로 달리하는 경우도 예상된다. 그러므로 어떤 입장을 지닌 역사가가 어떤 시각에서 어떻게 다루느냐에 따라 똑 같은 기록조차 전혀 다른 모습으로 비쳐지기 마련인 것이다. 이처럼 입장을 달리하는 여러 역사가의 손을 거쳐 재해석되고 재정리된 역사를 흔히 '역사학(歷史學)으로서의 역사'라 부른다. 일반적으로 널리 통용되고 있는 역사의 의미는 역사가의 손을 여러 차례 거친 뒤 최후로 말끔하게 정제(整齊)된 한정적 사건·사실을 가리킨다. 이는 세 번째 의미의 역사로서 흔히 사용하는 용법이다.

이처럼 우리가 사용하는 역사란 엄밀히 말하면 과거에 일어난 일, 또는 기록된 날(生)것 그대로를 지칭하기보다는 몇 차례 역사가의 손을 거쳐 최후로 가공(加工)된 것을 뜻하는 것이라 하겠다. 그를 다룬 역사가가 딛고 선 바탕이 다르므로 동일한 대상을 놓고도 언제나 달리 이해되고 해석되는 법이다. 역사는 어떻든 돌이킬 수 없는 과거란 시제(時制) 속에서 일구어진 인간의 삶을 총칭한다. 그러나 이미 과거에 정리된 사실이라 하여도 항상 고정불변한 모습을 유지하는 것은 아니다. 역사가에 따라서 그리고 현재의 상황 변화에 연동하여 역사는 끊임없이 재해석되기 때문이다. 마치 달리는 열차의 차창 바깥에 비쳐진 모습이 모든 승객들에게 언제나 한결같아 보이지 않는 것과 마찬가지라 하겠다. 차창 안의 상황도 변모하는 한편 밖의 풍경도 언제나 같지 않은 것처럼.

이처럼 역사는 과거에 남겨진 기록을 토대로 현재의 입장에서 끊임없이 재해석된 결과물이다. 기록이 없다면 역사 자체는 물론이고 역사학이란 학문도 존립 불가능하다. 그런 의미에서 역사학은 기록을 생명의 원천으로 삼는 특별한 분야라 일러도 좋겠다. 역사를 복원하는 데 활용되는 기록을 총칭하여 흔히 사료(史料)라고 부른다. 이들 사료를 다루는 분야를 따로 떼어 각별히 사료학(史料學)이라고 한다. 사료학은 사료를 취급하는 방법을 주된 대상으로 삼으므로 역사학의 가장 기본적이며 기초적인 분과인 셈이다. 사료학이란 분야가 독자적으로 존립하는 것은 사료가 역사학에서 지닌 비중이 일차적이며 그만큼 막중함을 뜻한다. 역사를 전문적으로 다루고자 하면 모름지기 사료학부터 먼저 습득해야 하는 것도 바로 그 때문이다. 사료를 따로 다루는 방법을 익히는 것은 모든 기록이 지닌 무게가 한결같지가 않은 데서 비롯한 당연한 결과이다.

기록은 누가 언제 어떤 입장에서 어떻게 남겼느냐에 따라 전혀 다른 모습으로 나타난다. 똑 같은 대상을 보고서 동시에 기록하였더라도 그를 목격하거나 또는 직접 경험한 기록자의 입장 여하(如何)에 따라서 다르게 비쳐지기 마련이다. 가령 사건의 직접적 경험자나 혹은 곁에서 바라본 목격자는 자신의 특정한 눈으로 전부가 아니라 한 측면만을 보고서 자신의 입장에서 기록을 남긴다. 그러므로 한날한시에 경험한(혹은 보았던) 동일한 대상조차도 전혀 다르게 기술하는 것이다. 그렇게 될 수밖에 없는 것은 인간 자체가 완벽하지 못한 존재이기 때문이다. 인간은 동시에 6면체를 볼 수 없으며 오직 3면체만 볼 수 있을 따름이다. 6면체의 그림이란 단지 3면만을 돌려보고서 유추해낸 가상적 실체에 불과하다. 그와 마찬가지로 기록자가 누구냐에 따라 같은 사실이라도 다르게 기록되는 것은 지극히 당연한 일이라 하겠다.

한편 대부분의 기록은 당대가 아니라 상당한 시일이 흐르고 난 뒤의 기억에 의존하거나 혹은 오랜 세월이 지나 간 뒤 전승되다가 마침내 기록으로 정착하게 된다. 이럴 때 기억한 사람의 능력 정도나 또는 전승자의 정확성 여부가 내용에 다시금 절대적 영향을 미친다. 그 까닭으로 그 속에는 이미 잘못되었거나 혹은 후대적인 요소까지도 저절로 스며든다. 게다가 기록 자체가 남겨질 당시부터 이미 특정한 목적을 위하여 의도적인 왜곡(歪曲)이 행해지는 경우도 예상된다. 그것이 마침내 의심할 바 없는 사실로서 기능하기도 한다. 이를테면 기독교가 서양 중세사회의 중심적 이데올로기로 기능하도록 할 목적에서 활용한 콘스탄티누스(Constantinus) 기진장(寄進狀)은 충분히 제 기능을 발휘하다가 수백 년이 흐르고 난 뒤 조작된 문서로 밝혀지기도 하였다. 1870년 프랑스와 독일 사이에 일어난 보불(普佛)전쟁을 일으킬 명분을 찾아 비스마르크가 위조한 엘름(Elm) 전보사건을 또 다른 사례로 손꼽을 수 있다. 그 자체 목적 달성에는 실패하였지만 많은 사료들이 의도적인 목적을 위하여 조작되었을지도 모르는 실상을 보여 준다. 1920년대 일제의 극우세력에 의하여 식민지배를 정당화할 목적으로 만들어진 『남연서(南淵書)』조작 사건도 그런 사례의 하나로 손꼽힌다. 한때 한국 고대사학계에서 크게 문제가 된 소위 필사본(筆寫本) 『화랑세기(花郎世紀)』도 목적에서는 뚜렷하게 차이가 나지만 사료 조작이 후대에 이루어지기도 함을 극명하게 보여 주었다. 그처럼 사건이 일어난 뒤 오랜 세월이 흐르면서 여러 가지 사정으로 말미암아 기록 속에는 알게 모르게 온갖 불순물이 끼어들기 마련이다.

이와 같이 모든 기록이 남겨질 당시부터 동등한 무게와 비중을 지니는 것은 아니므로 활용할 때에는 반드시 등급을 매겨서 접근할 수밖에 없다. 당대의 기록부터 훨씬 후대에 남겨진 기록에 이르기까지를 열거하여 일정한 순번을 매기는 작업을 진행한다. 이를 일반적으로 사료비판(史料批判)이라고 일컫는다. 사료비판이란 사료를 남긴 주체를 비롯하여 남겨지게 된 배경은 물론이고 구체적으로 내용을 달리하는 기록 자체를 서로 대조하고 면밀히 분석하여 실제적 사실 여하가 어떤가를 판별하는 기본적 작업 일체를 가리킨다. 흔히 전자를 사료에 대한 외적 비판, 후자를 내적 비판이라고 나누어 이해하기도 한다.

그처럼 복잡하고 힘든 작업을 시도하는 것은 역사는 어디까지나 사실을 근거로 하여 해석되어야 하기 때문이다. 말하자면 역사는 사실을 가장 기본적 본령으로 한다고 하겠다. 그래서 사료비판이란 중간 과정을 통하여 먼저 사실을 확정하는 작업을 꾸준히 진행해야만 한다. 만일 그런 과정이 생략된다면 역사는 픽션과 하등 다를 바 없게 된다. 과거 한때 이른바 재야사학자(在野史學者)들이 크게 준동한 적이 있거니와 그들의 주장이 학계에서 쉽게 받아들여지지 않았던 것은 그와 같이 사료의 성격을 가늠하기 위하여 반드시 시도되어야 할 사료 검증이라는 중간 과정을 전혀 거치지 않았기 때문이었다. 겉으로 8세기 신라의 김대문(金大問)이란 사람이 저술한 듯이 포장한 필사본 『화랑세기』를 역사학계에서 후대의 위작(僞作) 혹은 일종의 한문소설이라고 결론을 내리게 된 저간의 사정도 바로 그런 엄정하고 치밀한 사료비판의 과정을 거친 결과였다.

요컨대 '역사학으로서의 역사'라 이름 하는 역사가 확정되기까지는 수많은 중간 과정과 절차를 밟아야 한다. 역사는 어디까지나 그 자체 사실을 의미하기 때문이다. 다만 거기에는 그를 다루는 현실 역사가의 특별한 입김도 스며드는 것이 자연스런 이치이다. 그것을 일반적으로 역사 해석(解釋)이라고 일컫는다. 그런 의미에서 역사는 크게 사실과 해석의 두 부분으로 이루어진 셈이다. 사료를 매개로 사실을 확정하고 정리하는 과정에서 어쩔 수 없이 역사가의 당파성(黨派性) 혹은 정치성이 저절로 개재된다. 그것은 역사가 곧 '인간의 역사'인 한 뒤따르게 되는 부득이한 현상이다. 때로는 의도적인 불순한 목적을 갖고 그를 달성하기 위하여 역사를 활용하고 조작하려는 작업을 진행하기도 한다. 그런 시도는 다소간의 차이는 있었을지라도 동서고금을 막론하고 끊임없이 이루어져온 행위라 하겠다.

이를테면 조선 초기에 왕조 건국의 정당성을 확보하기 위하여 수십 년이라는 긴 세월을 소요하여 『고려사(高麗史)』를 편찬한 일이라거나 그 결과 고려의 마지막 왕의 혈통 속에 승려인 신돈(辛旽)의 피가 흐르고 있다고 하여 폐가입진(廢假立眞)의 명분을 내세웠던 저명한 일은 바로 그런 실상을 웅변하고 있다. 단군신화(檀君神話)를 민족시조의 신화로 삼아 숭앙하고자 한 일, 그를 근거로 우리가 배달(倍達)의 단일민족임을 강조한 일, 화백제도(和白制度)를 한국적 민주주의의 시원이라고 하였던 억지 논리, 화랑도(花郞道)란 단어를 창안하여 화랑도(花郞徒)의 정신이라고 내세워 정치적으로 이용하려던 것 등은 현실의 정치적 목적에서 역사적 사실을 악용하려 한 대표적 사례로서 손꼽을 수 있다. 이런 과정을 통하여 단순히 해석의 수준을 훌쩍 뛰어넘어서 사실 자체를 왜곡하려는 시도까지 적지 않게 이루어지곤 한다. 최근에 이르러서도 그와 비슷한 시대착오적인 일이 왕왕 벌어져 크게 논란되고 있다.

2011년 여름 이후 앞으로 사용하게 될 중등학교 역사교과서 편찬을 위한 밑그림을 어떻게 그릴까를 놓고 한국 역사학계 내부에서 시끌벅적한 상황이 벌어졌음은 다 아는 바와 같다. 대체로 해방 이후 한국의 현대사(現代史)가 주된 논란의 표적이었다. 현대사를 어떤 시각에서 어떻게 서술할 것인가 하는 문제를 둘러싸고 근본적 시각을 달리하는 두 입장 사이에서 크게 다툼이 벌어지고 있는 것이다. 물론 그 다툼은 엄밀히 말하면 역사학계 내부의 순수한 학문적 범주에 국한된 일은 아니었다. 겉으로는 학술적 성격을 지닌 듯이 비쳐졌지만 사실상 밑바탕에는 현실의 정치력이 강하게 개입한 데서 비롯된 사건이다. 말하자면 중등용 교과서를 정치적으로 이용하기 위한 불순한 목적이 작용하면서 빚어진 일이라 하겠다. 끊임없이 민주화를 추구해온 현대사회에서 현실의 정치가 역사 서술에 개입한다는 자체는 어떤 경우라도 용납되어서는 안 되는 금기 사항이다. 학술적인 것은 그 분야에 맡겨서 스스로 정화(淨化)되도록 유도해야만 항구적 생명력을 지닐 수 있다. 그렇지 않고서 정치적 정략에 억지로 끼워맞추어서 결정하고 해석된 사실이란 결코 객관성을 지니기 어려울 것임은 두말할 나위가 없다. 그런 측면에서 최근 발생한 중등학교 역사교과서 사건은 아무리 변명하여도 대단히 후진적 행태라 할 수밖에 없으며 따라서 앞으로 더 이상 되풀이되어서는 안 되는 일이다.

그것은 여하튼 역사가 그만큼 현실의 정치와 별개가 아니라 떼려야 뗄 수 없는 긴밀한 관계임을 여실히 보여 준다. 그 결말이야 어떻든 순수한 학문적 논쟁은 벌어지면 벌어질수록 당해 분야의 발전에 어떻든 도움되는 일이므로 바람직한 일이다. 그렇지만 거기에 현실의 정치력이 개입될 때는 언제나 파행으로 치닫기 마련이다. 전(前)근대사회에서의 역사는 군왕(君王)이 올바른 정치를 실시하기 위하여 모름지기 익혀야 할 기본적 대상이었다. 그래서 역사학은 한편 제왕학(帝王學)이라고도 불리었다. 그러나 근대시민사회에서는 제반 사정이 바뀌었다. 역사는 당연히 오늘날을 살아가는 건전한 민주시민의 것이므로 이제 역사는 모름지기 그들의 입장과 생각을 대변하는 방향으로 객관성을 지니고서 서술되어야 마땅하다. 전문가들도 모쪼록 그런 기본적 입장을 절대 놓치지 말아야 하겠다.

현실의 정치적 목적에서 역사를 수단으로 활용하려는 행위가 전근대적 성질의 것임은 두말할 필요가 없다. 역사 가운데 특히 현대사 서술은 현재를 살아가고 있는 사람들의 삶과 곧바로 연결되는 시기를 대상으로 하는 만큼 무척 민감한 사안이다. 따라서 자칫 여러 가지 이해관계가 깊이 작동할 지도 모른다. 그러나 그것은 역사 연구자 자체의 내부 문제이다. 거기에 외부 세력의 입김이 강하게 개재된다면 어떻게 될까? 정상적인 역사서술이 불가능해질 것이다. 이는 사실이 왜곡됨을 의미하며 따라서 그 자체가 픽션이므로 역사로서 존립할 수가 없는 일이다. 역사 자체는 순수한 입장에서 다루어져야 하기 때문이다.

우리가 다루는 역사가 그러할진대 한 걸음 더 나아가 우리의 역사서술에 외세가 작용한다면 어떻게 될까? 우리의 역사가 왜곡되어서는 안 됨은 지극히 자명한 일인데 하물며 외세가 개입하여 우리 역사를 자신들의 입맛에 맞추어 마음대로 해석하려 한다면 어떻게 받아들여야 할까? 그것도 사료학에 입각한 사건·사실을 밝히는 과정을 거치지 않았다면? 오래도록 논쟁거리로 자리를 잡아온 이른바 임나일본부(任那日本府) 문제는 바로 그러한 성질의 것이다. 이는 종종 우리 자신의 문제를 되돌아보는 반면교사(反面敎師)가 되기도 한다. 자기 반성적 차원에서 우리 자신의 눈 속에 들어있는 티부터 보는 자세가 한층 긴요하다. 여기에서 혹여 낡은 주제라고 여길지도 모를 임나일본부설을 다시 논의의 대상으로 삼은 또 다른 하나의 이유이다.

1. 왜 하필 해묵은 임나일본부설인가

1) 근자의 두 가지 사건

　지리적으로 이웃한 나라들은 싫든 좋든 역사적 전개 과정에서 어쩔 수 없이 긴밀한 관계를 맺기 마련이다. 영토를 접속한 탓에 서로 영향을 주고받으면서도 대체로 우호적이기보다는 경쟁적·대립적이어서 갈등하고 마찰하기 일쑤이다. 우리와 중국, 일본의 관계가 바로 그러하다. 과거에도 그러하였고 역시 현재에도 그런 사정의 연장선상에 있다. 미래는 어떻게 전개될지 모를 일이지만.

　다음에 소개하는 것처럼 중국과 일본 두 나라에서 되풀이해서 벌어지고 있는 두 가지 사건은 그 점을 여실히 반영한다. 널리 알려져 있듯이 그와 같은 사건을 계기로 자연 한국사의 실상을 되돌아보게 된다. 그들 사건 속에는 중국사나 일본사 자체만이 아니라 언제나 한국사의 문제가 깊숙이 개재되어 있기 때문이다. 한국사를 놓고서 벌어지는 다툼을 심하게는 역사전쟁(歷史戰爭)이라고 부르려는 논자도 있다. 그만큼 심각한 수준임을 암시하는 일이기도 하다.

하나는 중국에서 여러 해 동안 추진하였다가 최근 마무리한 이른바 동북공정(東北工程)이며, 다른 하나는 일본 수상을 비롯한 고위 막료들의 야스꾸니(靖國) 신사 공식 참배 문제를 둘러싼 문제이다. 두 사건은 겉으로는 우리 역사와는 아무런 연관성이 없는 듯이 보인다. 따라서 얼핏 보고서 그냥 지나쳐버릴지도 모른다. 그러나 한 걸음 더 나아가 들여다보면 두 사건의 밑바탕에는 우리 역사와 관련하여 공통된 기류(氣流)가 흐르고 있음이 뚜렷이 감지된다. 그것은 바로 역사를 그들이 당면한 현실의 정치적 문제를 해결하는 수단으로 이용한다는 사실이다. 두 사건의 바탕에는 모두 제국주의적 대외 팽창의 연장선상에서 나타나는 야욕이 알게 모르게 깔려 있다는 점에서 공통성을 지닌다. 그 일차적 희생양의 대상으로 우리의 역사, 아니 바로 우리의 현재와 미래를 삼고 있는 것이라 하겠다. 지금은 흘러간 일이라 치부해 버릴지도 모르지만 그 두 사건에 대해 다 함께 경계하고 각별한 관심을 기울여 지속적으로 주시해야 보아할 이유도 여기에 있다.

최근 들어 미국에 견줄 정도로 급격히 부상하고 있는 중국과 기존 강대국 일본이란 인근의 두 거대세력 사이에 끼어 있으면서 실제로 오래도록 갖은 침략과 정치적 지배를 받는 등 참담한 시련을 겪어왔던 우리로서는 그들의 움직임에서 약간 이라도 이상스런 기미만 엿보여도 그냥 지나칠 수가 없다. 그것이 곧 지난날의 쓰라린 기억을 회상케 하기 때문이다. 직접적인 관계가 없는 제삼국의 입장에서는 자칫 너무 민감하게 반응한다고 여겨질지 모른다. 하지만 우리로서는 오랜 역사적 경험을 통하여 비슷한 사태만 발생해도 즉각 깊은 관심과 우려를 나타내는 것은 당연한 일이다. 게다가 역사가 무슨 의미를 갖는다고 그러느냐고 반문할지 모른다. 물론 자신들의 역사를 자국 내의 필요성에서 한정적으로 써왔다면야 굳이 우리가 관여할 일은 아니겠다. 언제나 약소국으로서 이웃과는 우호선린을 표방할 수밖에 없는 우리의 현실적 입장으로서는 그런 문제에 구태여 관심을 기울일 필요는 없을 터이다. 그렇지만 이 두 사건의 밑바탕에는 불순한 의도가 깃들어 있고 그 파장이 마침내 우리에게 어떤 형태로든 영향을 미칠지도 모를 요소를 안고 있다는 데에 생각이 미치게 되면 사정은 현저히 달라진다. 기실 우리가 이 두 사건을 제 3자적 입장에서 그냥 관망만하지 못하고 큰 눈을 뜨고서 바라보려는 이유도 바로 여기에서 찾아진다.

그 두 사건 자체가 하나의 해프닝으로 끝맺음될 성질의 것은 아니다. 과거의 역사를 끄집어내어 미래의 대외 팽창정책에 이용하려는 의도가 깃들어 있는 것이다. 그것이 곧 우리의 장래 문제와도 직결될 만한 요소를 깔고 있다는 데에 문제의 심각성이 있다. 어떻게 보면 너무 지나치게 앞서 판단한 한낱 기우일지도 모른다. 늘 약자인 우리로서는 당연히 그렇게 되기를 줄곧 희망하는 쪽이다. 그러나 '자라보고 놀란 가슴은 솥뚜껑보고도 놀란다'는 속담처럼 과거 역사를 들추어보면 너무도 쓰라린 경험을, 그것도 무척이나 자주 겪었던 우리로서는 아무래도 경계심을 늦출 수가 없는 상황이다. 최근만 하더라도 중국과는 제주도 서남방의 이어도(離於島)나 서해 및 간도 문제, 일본과는 독도(獨島)를 비롯한 동해 방면의 영해나 어업 수역 문제 등 이따금씩 발발하는 영역 분쟁은 그와도 뗄 수 없는 밀접한 관계에 있다. 줄곧 약소를 면치 못한 상태인 우리는 언제나 수세적 입장을 취할 수밖에 없고 어쩔 수 없이 그리하여 왔다. 다만 이에 대해 너무 감정적으로 대응한다거나 마음대로 예단하여 실상을 섣불리 부풀리는 것 또한 철저히 경계해야 할 금기사항이다. 모름지기 순리에 따라 차가운 머리와 뜨거운 가슴으로 앞으로의 추이를 꾸준히 지켜 볼 일이다. 여기서도 그런 입장에서 그 두 사건에 대해 간략히 살펴보고 밑바탕에 내재한 목적을 먼저 유추해 내고자 한다.

중국의 동북공정과 그 향방

동북공정은 중국 중앙정부가 변경지역의 개발과 안정을 기치로 내걸고 추진한 몇몇 국가적 기초 사업 가운데 하나이다.

80년대에 들어와 중국은 자본주의 시장경제에 노출되면서 급성장해 가는 추세이지만 그 속에서 지역이나 민족 간의 경제적 불균형은 우려할 정도로 심각한 수준으로까지 치닫고 있는 상황이다. 지난 20여 년 동안 대외적 물자 유통의 주된 통로로 기능한 황해 연안의 거점 지역과 그로부터 얼마 떨어지지 않은 내륙과 그렇지 못한 깊숙한 지역 사이에는 경제적 격차가 크게 벌어질 수밖에 없다. 지역 간에 벌어지는 경제적 간극은 곧바로 잠재되어온 내부의 민족 간의 차별 및 그로 인한 갈등과 직결될 소지를 안고 있다. 중국이 전체 인구의 93% 전후에 달하는 거대한 한족(漢族)과 나머지 55개의 소수 민족으로 구성되어 있음은 널리 알려진 바와 같다. 한층 심화되어 가고 있는 지역 간 불균형 성장이 개방에 덧붙여 들어오는 자유주의 물결과 맞물리게 되면 곧장 민족의 차별·차등에 따른 불만으로 이어져 폭발할 수도 있는 것이다. 그래서 경제 문제가 민족 문제와 연계되어 '위험지역'으로 부상할 조짐을 보이는 변경 지방을 대상으로 그 확대·확산을 사전에 차단하기 위하여 중국 정부는 서남공정, 서북공정, 동북공정과 같은 이름을 내걸고 국가적 사업을 시행하고 있는 것으로 풀이된다.

그 가운데 우리의 문제와 직결되어 저절로 관심을 불러일으킬 수밖에 없는 동북공정은 기왕에 만주(滿洲)라 불리어 하나의 권역으로 다룰 수 있는 요녕성, 길림성, 흑룡강성 등 이른바 동북 3성을 중심 대상으로 삼은 과업 일체를 일컫는다. 이들

지역은 인구와 자원이 풍부한 탓에 지난날 제국주의 열강들 사이에서 치열한 패권 쟁탈의 핵심 대상이 되었던 역사적 경험을 갖고 있다. 게다가 다른 지역과는 문화적·역사적 배경에서 상당한 차이가 나며 특히 한반도와 오래도록 밀접하게 관련을 맺어온 특이한 지역이다. 따라서 지리적 여건상 중국의 내부에서 정치적·사회적 불안이 고조된다면 그 여파가 즉각 한반도로 미치리라 추정해 볼 수 있다. 그것은 오랜 역사적 경험으로 쉽게 상정할 수 있는 일이다. 말하자면 한반도는 중국 내부의 잠재적 문제가 현재의 북한 및 한국과 연계되어질 만한 특수한 사정 아래에 놓여 있는 지역이라 하겠다. 그래서 중국정부가 장차 민족 문제가 가장 심각하게 대두될 지역으로 손꼽고 있기도 하다. 그런 위험성을 사전에 철저하게 차단하기 위한 일환으로 당해 지역을 대상으로 경제적 지원은 말할 것도 없고 과거 이 방면의 역사에 대해서도 남다른 관심을 기울이고 있는 것 같다. 역사 연구를 통하여 이 지역 주민도 한족과 원래부터 뿌리를 하나로 하여온 중화민족(中華民族)으로서 동일한 정체성을 상당히 오래 전부터 공유하여 왔음을 각별히 강조하려는 것이다. 동북 방면의 역사 연구는 그런 배경 아래에서 추진된 중국 중앙정부의 국가적 사업인 동북공정의 핵심을 이루어 왔다. 따라서 동북공정에 대해 어떠한 변명을 하여도 그 실체가 순수한 학술적 목적의 사업이 아님은 확실하다. 역사를 정치적 목적에서 강하게 활용하려는 프로젝트임은 의심의 여지가 없다고 하겠다. 그 밑바탕에는 민족의 응집력과 애국주의 고양이라는 정치적 의도의 실현이 짙게 깔려 있는 것이다. 그를 통하여 동북지방까지도 애초부터 중국의 일원이 었다는 의식을 심어주려고 한다.

동북공정은 '동북 변경의 역사와 현상에 대한 연속 연구공정'이라는 긴 이름의 대형 학술 프로젝트를 줄인 말이다. 2002년 2월 말 사회과학원 주도로 중앙 정부의 승인 아래 동북 3성과 연합하여 5년을 잠정적 기한으로 설정하고 산하의 변강사지연구중심(邊疆史地研究中心)이란 기관으로 하여금 그를 주관하도록 하였다. 이 사업의 주요 목표가 공식적으로는 과거의 연구 성과를 총정리하고 우수한 역량을 집중하여 역사적으로 의문시되어 온 문제, 현재 관심이 집중되는 문제, 이론상 난점이 있는 문제를 극복하고 연구 수준을 전반적으로 제고시키는 데에 둔다는 슬로건을 내걸어 스스로는 학술의 정치화를 반대한다고 특별히 천명하고는 있기는 하다. 그러나 그 내부를 약간이라도 들여다보면 그런 주장이 한갓 속임수일 뿐 실상은 전혀 그렇지 않다는 사실은 확연히 드러난다. 동북 3성 지역의 역사를 현실 중국의 정치적 문제와 강하게 접목시키려는 목표를 세우고 있는 것이다. 차후 북한의 정치적 붕괴나 그를 계기로 한 한반도 유사시 정치적·군사적 개입과 영향력 행사 등에 대해 역사적 명분을 내세워 대비하려는 저의가 깔려 있다고 의심받는 것도 바로 그 때문일 터이다. 동북공정 최후 목적은 단순히 현실의 영토 유지에만 머무는 것이 아님을 시사하는 대목이다.

이 방면의 역사 가운데 특히 한국사와 직간접적으로 연관되는 전근대사가 연구의 주된 핵심이다. 중국 역사학계는 『신당서』 발해전에 보이는 '발해는 본래 속말말갈(粟末靺鞨)로서 고구려에 붙은 자이다'라는 단편적인 기록을 근거로 삼아 일찍이 이 지역에 발흥하였던 정치세력 가운데 유독 발해만은 당의 지방정권이라 주장하여 자국사의 일부로 편입시켜 이해해왔다. 줄곧 그런 수준에 머물다가 이제는 갑작스레 그 대상을 훨씬 더 확대하여 고구려와 부여는 물론이고 한 걸음 더 나아가 고조선의 역사까지도 중국사의 일부로 다루면서 그 시원이 애초 삼황오제(三皇五帝)의 전설시대부터 이미 성립되어 있던 중화민족의 한 갈래라고 강변하여 그것을 역사적 사실로서 만들려 시도하고 있는 것이 작금의 상황이다.

사실 중국 역사학계도 '일사양용(一史兩用)'적 측면에서 고구려사나 발해사를 자국사의 연구 대상으로서 일부 다룰 수가 있음은 자명한 일이다. 국내 연구자들 가운데 자칫 중국 측에서 그를 연구 대상으로 삼는 것에 대해서조차 지나치게 과민 반응하여 문제로 삼으려 하나 이는 너무 과도한 발상으로 보인다. 그것은 고구려나 발해가 오늘날 자신의 영토 내에서 존재한 세력이었다는 점에서는 물론이고 나아가 본디 하나의 민족은 이미 만들어진 상태로 출발한 것이 아니기 때문이다. 역사의 진행 과정에서 명멸(明滅)해 간 무수한 종족들을 바탕으로 점진적 결합과 결속의 과정을 밟아 드디어 하나의 민족체(民族體 ; 민족모태)가 출현하였다. 우리가 쉽게 운위하는 민족이란 사실 근대사회에 들어와 비로소 구체적 실체를 드러낸 존재이다. 따라서 오늘날 중국의 핵심인 한족(漢族)이 형성되어 가는 과정에는 고구려 주민이 일부 참여한 것도 부정할 수 없는 엄연한 사실임은 인정해야 마땅하다. 그렇다면 그들도 당연히 고구려나 발해 주민의 동향을 구체적으로 살피고 나아가 그 흐름을 연구의 대상으로 충분히 삼을 수는 있겠다. 문제의 핵심은 그것을 다루느냐 마느냐의 여하가 아니라 현실의 정치적 목적 달성을 위하여 역사를 실상과는 전혀 다르게 멋대로 조작하거나 왜곡시키려는 데에 있는 것이다. 그것도 인근 국가가 오래도록 추진해온 연구의 성과를 전혀 고려하지 않은 채 사료를 마음대로 해석하고 사료학의 근본을 애초부터 무시하는 현상을 보이기 때문이다.

오늘날에 형성된 민족 혹은 민족의식을 곧바로 저 먼 과거로 소급시켜 이해하는 것은 올바르지 못한 비(非)역사적 인식이다. 현재의 민족의식으로 과거 역사를 재단하는 것은 옳지 못한 접근방식이다. 중국이 오늘날의 민족 문제를 해결하는 수단으로 옛날 역사를 왜곡·조작하려는 데에 문제의 심각함이 느껴진다. 역사를 정치의 수단으로 이용하려 할 때에는 모름지기 조작과 왜곡, 과장과 윤색이 저절로 동반되기 마련이다. 특히 그것을 주장하는 배경에는 새롭게 부상하는 중국의 제국주의적 팽창 정책이 밑바탕에 깔려 있어 더욱 문제가 된다. 그런 분위기가 구체화된다면 우리는 단순히 역사 속의 피해자로만 머무는 것이 아니라 미래에까지 어떤 형태의 피해를 입을지 모른다는 우려를 떨치기 어렵다. 동북공정의 추진은 그와 같이 우려할 만한 중화적 팽창주의가 부활하는 듯한 인상마저 짙게 풍기는 것이다. 동북공정의 일정은 2007년으로 끝났지만 그 여파는 지속되고 있는 실정이며 또한 앞으로도 그러할 것이다. 그 점과 관련하여 눈여겨볼 현상은 또한 이웃 일본에서도 벌어져 왔다는 사실이다. 물론 후자는 어제 오늘의 일이 아니라 오래 전부터 계속적으로 반복하여 왔다는 데에 근본적인 차이가 있기는 하다. 잠시 눈을 돌려 그 점을 살펴보기로 하겠다.

야스꾸니 신사 참배와 일본 역사교과서

동북공정으로부터 예상되는 것과 유사한 우려는 일본 수상의 야스꾸니 신사 참배에서도 찾아진다. 고이즈미 준이찌로(小泉純一郎)는 2001년 수상에 취임하자마자 2차대전 종전일이 다가오면 해마다 빠짐없이 내외의 일반적 여론을 무시하고 야스꾸니 신사에 대한 공식 참배를 줄기차게 고집하여 국제적인 관심과 함께 우려를 불러일으켰다. 이후 각료들이 개별적으로 야스꾸니 신사 참배를 공식화하는 길을 텄다. 혹여 '그까짓 수상이나 막료의 공식 신사 참배가 무어 그리 대수로운 일인가 모른척하고 지나가면 그만이지'라고 생각할지도 모르겠다. 사실 피상적으로만 관찰하면 우리가 너무 과도하게 민감한 반응을 보인다고 여겨지는 측면이 없지가 않다. 그러나 그 내면에 흐르는 의도를 유추하고 나아가 일본 사회의 동향을 연결시켜 인식하고 보면 결코 그렇게 간단하게 보아 널길 사안이 아니겠다는 데에 상상이 미치게 된다. 야스꾸니 신사 참배에 내재된 참 뜻은 단순히 전몰자(戰歿者)에 대한 의례적인 관행 정도의 수준에 머무르지는 않는다. 그 자체가 전쟁을 반성하려는 차원에서가 아니라 오히려 고무찬양하려는 의도임과 함께 그것이 곧 최근 일본 사회에서 두드러지게 드러나는 우경화(右傾化) 현상과 맞물려 진행되어 온 일이기 때문이다.

야스꾸니 신사는 사실상 아무런 실권이 없던 천황이 직접 권력의 전면에 나서게 되는 사건인 이른바 1868년 메이지유신(明治維新)이 시작되던 이듬해인 1869년에 동경초혼사(東京招魂社)란 이름으로 창건되었다. 바로 10년 뒤인 1879년에 이르러 현재의 명칭으로 바뀌면서 제일급의 신사로서 등급이 매겨졌다. 신사의 윗 등급으로는 조상신이나 천황을 신주로 내세운 몇몇 신궁(神宮)이 있다. 야스꾸니 신사에는 명치유신 이후 일본이 근대화하면서 치른 전쟁에서 전사한 영령들이 합사되어 있다. 따라서 야스꾸니는 메이지유신 이후 1945년에 이르기까지 발발한 전쟁을 상징하는 제일급의 신사라고 보면 틀림없겠다.

    그러나 그 전쟁의 성격이 거의 대부분 단순한 내전이나 국가보위전이 아니라 침략전쟁이라는 점에서 문제를 안고 있다. 현재 대략 250만에 달하는 신주 가운데 1877년 강력한 정한론자(征韓論者)였던 사이고 타카모리(西鄕隆盛)가 주동하여 일으킨 서남전쟁(西南戰爭)과 같은 비(非)침략 내전에 관계되는 것은 단지 일만여 주에 지나지 않고 나머지 거의 대부분은 중일전쟁, 대동아전쟁 등 소위 제국주의 팽창을 위해 치른 전쟁의 사망자들이다. 이와 같은 수많은 사상자를 낸 침략전쟁을 기반으로 일본은 많은 식민지를 획득하면서 영역 팽창을 줄기차게 추진해 갈 수 있었던 것이다. 말하자면 야스꾸니 신사에 배향된 중심적 신주는 대부분 제국주의 침략의 충실한 자발적 복무자들이었다. 국가가 나서서 그들을 적극 추모함으로서 제국주의 지배이데올로기로 기능하도록 조장하였던 셈이다. 거기에는 예외적으로 식민지였던 대만 출신자 2만 8천, 조선 출신자 2만 1천여 영령도 합사되어 있다. 이들은 피식민지 주민으로서 강제로 징용 징병되었던 피해자들이다.

    특히 그곳에는 2차대전 이후 도쿄의 극동군사재판소에서 침략전쟁을 주도한 죄로 기소되어 처벌을 받은 28명의 소위 A급 전범자도 포함되어 있다는 점은 결코 간과할 수 없는 사실이다. 이는 야스꾸니가 어떤 성격의 신사인지를 명백하게 보여주기 때문이다. 바로 일본 군국주의의 대표적 상징물이라고 하여도 좋다. 고이즈미가 그토록 고집스럽게 경배하고자 하는 대상은 신사참배의 의도와 관련하여 주목되는 사실이다. 그들의 관심은 여러 신주(神主) 가운데 오로지 이들 일급의 전범자들만에 한정된 것이 아닌가 의심스럽다. 그런 곳을 현직 수상으로서 굳이 공식적으로 참배하겠다고 고집한다는 것은 곧 침략전쟁을 기리고 찬양한다는 것과 진배없다고 풀이되는 것이다. 지난날 전쟁을 일으킨 데 대해서 총책임자라 할 일본 국왕을 비롯한 지배층 어느 누구도 스스로 나서서 피해를 입힌 인근의 외국인을 향하여 제대로 된 진솔한 반성을 한 적이 없다. 이 점을 염두에 둔다면 신사 참배의 궁극적 의도가 어디에 있는 지는 저절로 명백해진다. 우리로서는 잘못된 전쟁에 대해 진정으로 참회하고 사죄하여 억울하게 희생된 영령들을 위로·추모하는 목적이 아니라 죽음을 추앙함으로써 침략 사실 자체를 미화하려는 의도가 깃들어 있는 것으로 받아들일 수밖에 없다. 그 자체를 굳이 강행하려는 것은 일본사회의 전반적인 분위기가 우경화하고 있는 현실에 편승한 행위로 보인다. 그렇지 않다면 여론에 민감한 현실 정치인이 그처럼 줄기차게 고집을 피우지는 않으리라 여겨지기 때문이다.

세계가 일본사회의 우경화 경향을 예의주시하고 있는 마당인데 어떤 변명을 끌어들이더라도 야스꾸니 참배는 순수하게 받아들여질 리가 만무하다. 특히 일본의 중등학교 역사교과서는 개편 때마다 침략과 관련한 내용이 언제나 문제로 부상하고 있는 점을 상기할 때 더 더욱 그러하다. 일반적으로 어떤 역사교과서라도 다른 나라와의 관계를 서술할 경우 역사교육의 목적상 약간은 자국사에 유리한 방향으로 과장하기 마련이다. 그렇다고 무턱대고 주변국에 대한 침략 자체를 마치 없었던 일인 양 은폐한다거나 그것이 부득이하고 또 정당하였다고 미화하려 들지는 않음이 상식이다.

그러나 일본 역사교과서의 경우는 그런 실상과는 판연하게 다른 모습이다. 때로는 스스로 도발하였던 명백한 침략전쟁에 대해서도 자위(自衛)를 위한 부득이한 성전(聖戰)이었다고 우기거나 피해 입은 대상의 아픔은 전혀 고려하지 않고 대동아공영권(大東亞共榮圈)의 연장선상에서 멋대로 동아시아의 번영을 위한 것이었다고 해석하는 억지를 부리기도 하였다. 심지어는 너무도 뻔한 사실인 양민 학살 자체를 끝까지 숨기려 들었다. 이는 과거의 잘못을 뼈저리게 반성하는 행위는 결코 아니다. 약소민족에 대한 침략 전쟁을 숨기려는 자체는 바로 그런 상태가 언제라도 그대로 되풀이될 수 있음을 시사한다. 진심으로 재발을 바라지 않는다면 과거의 명백한 잘못에 대해서는 적극 나서서 반성하지 않을 리가 없을 터이기 때문이다. '역사로부터 배우지 못하는 자는 같은 과오를 되풀이한다.', '역사로부터 배우지 못한다면 아무것도 할 수가 없다.'고 말한다. 우리가 심히 우려하고 있는 바는 바로 그런 점이다.

기실 침략전쟁의 결과이며 그 잔재라 할 독도 영유권 문제를 끊임없이 외쳐대면서 도발을 유도하거나 이따금씩 무리하게 배타적 경제수역 문제를 들고 나오는 것은 그런 저간의 사정을 여실히 반영한다. 근자에는 북한의 미사일 발사나 핵실험 문제를 계기로 삼아 노골적으로 군비 확장을 외치고 심지어는 핵무장을 해야 한다고 조장하는 목소리까지도 들린다. 오래도록 개정이 논란되던 비무장을 규정한 평화헌법 9조는 이미 몇 차례의 해외파병을 거치면서 사실상 사문서(死文書)나 다름없는 상태로 되어버린 지 오래다. 막료들의 야스꾸니 신사 참배는 바로 그런 새로운 대외 팽창의 기조가 부상하고 있는 일본사회의 현주소를 그대로 반영하는 대표적인 사건으로 이해되는 것이다. 그 점은 과거 한반도의 침략과 식민 지배를 역사적으로 정당화하는 데 적극 활용되었고 패망 이후에도 줄기차게 주창되어 온 임나일본부설이 새로운 형태로 제기되고 있는 것도 그런 맥락에서 주목해 볼 만한 현상이라 하겠다.

2) 꿈틀거리는 새 임나일본부설

임나일본부설과 일본 역사교과서

이상 바로 이웃한 두 나라에서 근자에 벌어진 양상을 들어서 상당히 장황하게 다룬 것은 학술적인 대상이 그 자체로 끝나지 않고 정치 문제화하게 될 때 어떤 결과가 벌어질지를 잠시 상기시키기 위해서이다. 역사(학)는 왕왕 어떤 정치적인 목적을 이루어내기 위한 수단으로 활용되기도 한다. 과거의 흘러간 이야기라도 필요할 때에는 언제라도 끄집어내어 현실의 행위를 정당화시키려는 것이다. 기실 인간이 정치적 동물이란 명제를 새삼스레 떠올리지 않더라도 어느 시대, 어느 사회이고 그런 점은 약간씩 있기 마련이다. 특히 전근대사회의 경우에는 일반적으로 역사학은 독립된 학문이 아니라 정치나 종교와 밀착되어 있었다. 그래서 제왕의 정치 운영에 적절하게 이용되었으므로 제왕학이라 불리기도 하였던 것이다. 어찌 보면 역사학은 전근대사회에서는 정치의 시녀로서 기능할 수밖에 없는 숙명을 지니고 있었을지도 모른다.

근대사회에 들어와 그에 대한 반성이 일어나면서 역사학은 정치와 종교로부터 독립을 외쳐대고 마침내 그 목적을 일정 정도 달성하게 되었다. 그것을 일러 근대역사학의 성립이라고 말한다. 그런 측면에서 현재 중국이나 일본처럼 역사를 여전히 정치적 목적을 이루기 위한 도구로 삼는 것은 전근대적 사회에서나 통용되던 방식의 전형에 속하며 따라서 그런 수준에 머무는 한 후진성의 표본이라 진단할 수밖에 없다. 물론 전부가 그렇지는 않겠지만 아직도 자국사(自國史)를 정치적으로 이용하고 있다는 것은 그들의 역사학이 어떤 수준인지를 충분히 가늠케 하는 대목이다. 아직 역사학이 사회주의 지배체제 유지를 위한 주요 도구로 널리 활용되어 온 중국의 경우는 그렇다손 치더라도 세계 제2의 경제대국 일본이 그를 완전히 벗어

나지 못하였다는 점은 각별히 주목해 볼 사안이다. 특히 한국사와 관련한 분야에서만 유독 그런 현상이 두드러지게 나타난다.

과거 일본이 식민지배란 특정한 정치적 목적을 달성하기 위하여 한국의 역사를 수단으로 삼아 수많은 사실을 왜곡하였거니와 그 가운데 가장 전형적 사례로서는 누구라도 임나일본부설을 손꼽는 데 동의할 터이다. 이 주장은 이제 그 단어조차 운위되는 것이 불필요할 정도로 한동안 저 멀리 뒤로 물러난 주장으로 치부되었다. 하나의 가설(假說)로서 지닌 의미조차 거의 상실되었던 것으로 알려져 왔음이 실상이다.

그럼에도 여기에서 다시 끄집어내어 군이 곱씹어 보려는 것은 최근 일본에서 벌어지고 있는 사태와 맞물려 장차 되살아날 조짐이 뚜렷이 엿보이기 때문이다. 물론 그럴 만한 직접적인 계기는 그 동안 전혀 예상하지 못한 곳으로부터 주어졌다. 그것은 곧 광주(光州) 부근에서 발원하여 전남지역의 중앙부를 관통하여 서남쪽으로 흘러가는 영산강(榮山江) 유역에서 전방후원분(前方後圓墳)이라 불리는 새로운 고분이 출현하였다는 사실이다. 이 사건이 최근 일본사회의 흐름과 결부되면서 한때 물밑으로 가라앉아 있던 임나일본부설의 부활을 촉발시킬 가능성을 높이고 있는 것이다. 실제로 그런 경향이 부분적으로 확인되기도 한다.

현재까지 일제 시기 이후의 이른바 전형적인 임나일본부설을 그대로 주장하는 논자는 이제 아무도 없다고 단언하여도 좋을 듯하다. 그것은 가장 보수적인 입장을 지닌 일본의 일부 중등학교 교과서조차도 노골적으로는 그런 주장을 펴고 있지 않다는 데서 유추된다. 이를테면 얼마 전까지 채택 문제를 둘러싸고 한창 시끌벅적하던 '새로운 역사교과서를 만드는 모임'이 편찬한 후소샤(扶桑社)의 『새로운 역사교과서』에서도 "4세기 후반 야마도조정(大和朝廷)은 바다를 건너 조선으로 출병하였다. 야마도조정은 반도 남부의 임나(가라)라는 지역에 거점을 둔 것으로 여겨진다"고 매우 모호하게 서술하여 임나일본부라는 출선기관(出先機關)을 그렇게 노골적으로 내세우고 있지는 않다. 다만 다소 완화된 형태로 '거점을 둔 것이다'라는 정도로만 표현함으로써 임나일본부의 존재를 직설적으로 표출하지 않았던 것이다. 은근히 내비치고 있는 수준이지만 그렇다고 그 자체를 완전히 부정한 것은 아니다. 그 이후의 향방에 대한 언급이 전혀 없다는 사실도 주목된다. 물론 그것만을 통해서도 임나일본부를 사실로서 인정하고 있는 점이 충분히 감지되기는 한다. 그 책의 이곳저곳에서 기존의 황국사관적 입장으로 제국주의 침략을 서슴없이 미화하면서도 그 정도의 표현으로만 그친 것은 이미 임나일본부설이 정설로서 통용되지 않게 된 저간의 사정을 인식하지 않을 수 없는 결과로 풀이된다. 물론 그것이 검증을 통과하기 위한 한낱 술수에서 비롯된 교묘한 서술이라고 여겨지지만 다른 역사교과서를 들쳐보면 그런 변화는 뚜렷이 감지할 수 있다.

중등학교에서 가장 많이 채택한 것으로 알려진 야마가와(山川) 출판사의 『상설(詳說) 일본사』는 과거 1983년판에서는 '야마도(大和)조정이 생산기술과 철자원을 획득하기 위하여 조선반도에 진출하고 그 남부지역을 세력 아래에 두었으니 그것이 임나(任那)이다'라고 서술하여 임나일본부설을 분명하게 사실로서 여겼다. 그런데 2002년의 검정을 거치고 2006년에 간행된 같은 이름의 교과서를 보면 '4세기 후반에 조선반도 남부의 철(鐵)자원을 확보하기 위하여 가야제국과 긴밀한 관계를 맺고 있었다'는 정도로만 간략하게 설명하면서 임나란 단어도 본문에서는 사용하지 않고 각주로 처리하여 가야제국을 『일본서기』에서는 임나라 부르고 있다고 언급하였다. 이런 변화는 물론 같은 책명이라도 두 교과서의 필자가 달라진 데서 기인하는 것을 수도 있겠으나 동일한 출판사 간행임을 고려하면 그 사이에 변화된 제반 사정을 뚜렷이 반영한다고 풀이하여도 좋을 듯 싶다. 그 점은 중학교 사회교과서로 많이 채택된 것으로 알려진 『새로운 사회 역사』(2006, 東京書籍)의 경우에서도 마찬가지로 확인된다. 이는 지난 20년 가까운 기간 동안 임나일본부설을 둘러싼 연구 동향이 교과서에 직접 반영된 결과라 여겨지는 것이다.

　다만 약간 우려되는 것은 그 잔재가 말끔히 가시지 않고 부분적이기는 하나 간간이 찾아지는 점이다. 그것은 앞서 소개한 『상설 일본사』에서 가야의 영역을 설정하면서도 그 범위는 여전히 지난날 임나일본부설에서 도출된 그것을 그대로 활용한다든지, 혹은 임나일본부설의 근거로 삼는 가장 기본 사료인 광개토왕비문의 이른바 '신묘년조(辛卯年條)'를 구태여 각주로 처리하면서까지 설명하려 한다든지, 5세기 왜국의 상황을 언급하면서 『송서』 왜국전 가운데 유독 임나일본부설과 밀접한 관계가 있는 것으로 제시된 기사만을 추출하여 특별히 강조한다든지 하는 등의 자세에서는 분명하게 과거 학설의 잔재가 감지되는 것이다. 말미의 부록으로 실린 연표 항목에서도 391년을 곧 '왜가 백제와 신라를 깨뜨린 해'라고 설명하여 넣고 있는 데서도 확인되는 사실이다. 특히 4~5세기 철 자원을 비롯한 선진문물의 입수는 지난날 임나일본부설을 매개로 추출해온 설명인데, 단지 임나일본부 문제만 뺀 상태에서 기본적 내용은 별로 크게 달라짐이 없이 거의 그대로 언급되고 있는 실정이다.

이는 그 동안 진전된 학설을 수용하면서도 아직 깨끗이 정리되지 못한 상태임을 의미한다. 장차 새로운 역사교과서가 계속 간행되면서 점차 진전된 서술이 출현하리라고 기대되기는 하지만 자칫 그 잔재가 존재한다는 사실 자체로부터 오히려 과거로 새로이 회귀할 가능성도 엿보인다는 점에서 그대로 지나치기 어려운 대목이다. 그 점을 잘 보여 주는 것이 바로 한반도에서 출현한 전방후원분 문제를 둘러싸고 전개된 최근의 논란이다.

전방후원분의 출현과 그 의미

전방후원분은 특이한 외형으로 말미암아 그 특징을 가장 잘 드러내어 주는 전형적인 고대 일본의 고분으로 인식되고 있다. 겉모습은 마치 열쇠구멍처럼 생긴 독특한 모양이다. 앞의 부분은 방형(方形)으로서 제사와 관련된 용도라 추정되며 뒷 부분은 둥근 모양으로서 시신과 부장품을 넣는 매장 공간이 마련된 곳이다. 전방후원분의 출현 당시에는 원형이 일반적으로 조영되었으며, 약간의 방형도 존재하였으므로 흔히 그들 양자가 결합하여 자연발생적으로 만들어진 것으로 풀이한다. 대체로 3세기 중반 무렵에 일본(큐슈)에서 출현하여 점차 전역으로 퍼져나갔는데 5세기를 정점으로 하여 가장 대형의 규모로 조영되었다. 정치적 지배체제가 제도적으로 갖추어지면서 차츰 쇠퇴의 길을 걷다가 마침내 7세기에 이르러서 소멸하는 것으로 판단되고 있다. 가장 큰 규모는 5세기에 조영된 오오사카 소재의 대선릉고분(大仙陵古墳, 仁德天皇陵으로 추정)으로서 무덤의 밑변 길이가 무려 486미터에 달한다고 한다. 매장 유구나 부장품은 각 시기마다 일정하게 차이가 나서 그를 기준으로 크게 전기, 중기, 후기의 세 시기로 구분하고 그를 매개로 정치적 사회적 변화의 과정을 유추해 내고 있다.

이런 형태의 외형을 가진 고분은 그 동안 달리 유례를 찾을 수 없어 오직 일본열도에만 존재하는 고유의 것으로 인식하여 왔다. 다만 과거 한때 북한에도 발견되었다는 주장이 제기된 적이 있고, 또 일제 때 전남 지역에도 존재한다는 주장이 일부 있었으나 명백한 근거에 입각한 것은 아니었다. 그런데 1980년대 들어와 전남지역의 여기저기에서 전방후원분이 하나둘씩 알려지기 시작하였다. 현재까지 전체 대략 십여 기 정도가 영산강 유역을 중심으로 한정된 특정 범위 안에서만 존재한다는 사실이 확인되었다. 그 가운데 몇 기는 이미 정식의 발굴을 거친 상태이다. 지리적으로 가장 북쪽에서 확인된 것은 전북 고창군 칠암리(七岩里)의 것이며, 가장 남쪽은 전남 해남군 방산리(方山里)에서 조영된 이른바 장고산(長鼓山) 고분이다. 대체적으로 보아 광주에서 함평을 거쳐 서해로 흘러 들어가는 영산강을 기준으로 하면 그 서쪽 일대에 넓게 분포하며, 동쪽으로는 바다에 가까운 곳인 영암과 해남에 몇 기가 산재하는 양상이다. 전방후원분이 조성되기 이전부터 소위 옹관고분(甕棺古墳)을 비롯한 큰 규모의 고분이 조영되던 나주와 그 인근 지역에서는 전혀 발견되지 않는 등 분포상의 뚜렷한 특징을 보인다.

그런데 전방후원분의 존재를 처음 추적하던 어떤 연구자는 그것이 곧 일본 전방후원분의 원류일 것이라는 막연한 선입견을 갖고서 접근하였다. 그런 입장에서 종적(蹤迹)을 찾아 나섰던 것이다. 과연 지성이면 감천이라고 1980년대의 어느 시점부터 영산강 유역 주변에서 전방후원분의 존재가 조금씩 알려지기 시작하였다. 사실 애초 출발 당시에 설정하여 놓은 가정(假定)을 제대로 충족시키려면 한반도 전방후원분의 조성 연대

는 적어도 일본에서 처음 출현하였다는 3세기 중엽 이전으로
까지 거슬러 올라가야 마땅하다. 그래서 초기 주창자는 그런
입장을 강하게 표명하면서 한반도에서 조영된 시점을 3세기
초라고 힘주어 주장하였던 것이다. 그러나 그 동안 몇 차례의
발굴을 통하여 명백히 드러난 것처럼 무덤의 구조나 유물로
미루어 볼 때 5세기 후반을 소급하기가 힘들다는 결론에 이른
상태이다. 대체로 5세기 말에서 6세기 초까지의 일정한 기간
에만 한정하여, 그것도 특정한 지역에서 조영되었음이 확인된
것이다. 이로써 처음 찾으려 나섰을 때 내세웠던 한반도기원
설에 대한 기대는 완전히 무너져버리고 말았다.

사실 여기에는 그 연구자의 잘못된 선입견적 인식이 바닥에
짙게 깔려 있었던 것으로 보인다. 고대 일본의 문물은 거의 대
부분 한반도에서 기원하였다고 보려는 시각이 바로 그러하다.
이는 일종의 피해의식에서 기인한 과도한 발상에 지나지 않는
다. 고대사회에서는 어느 것도 일본의 그것보다 반드시 시점
이 앞서야 한다거나 또는 그 규모가 커야만 비로소 자위되는
보상적 심리 기제(機制)일 따름이다. 이는 크게 잘못된 한풀이
적 의식에 지나지 않는다. 지난 2005년 무렵 어떤 매스컴에서
서울의 강동구에서 세계 최대의 전방후원분이 발견되었다고
보도한 적이 있다. 거기에는 이 방면의 전문성을 전혀 갖추지
못한 서울 소재 유명 대학의 고고학 교수가 그 매스컴과 결탁
하여 마치 그 주장이 틀림없다는 듯이 동조하였다가 곧바로

아니었음이 들통나 세상의 웃음거리로 참혹하게 망신 당한 사실이 새롭게 떠오른다. 이는 일본과의 구체적으로 표현하기 어려운 묘한 경쟁 심리에서 기인한 허위의식이 빚어낸 소산물이며, 일본 고대사회에 대한 우리의 의식 상태와 수준을 상징적으로 보여준 해프닝이었다. 전방후원분의 원류가 반드시 한반도이어야 할 하등의 이유도 없으려니와 그 규모 또한 전혀 문제시될 것도 없다. 오로지 진실이 어떠한가가 논의의 대상일 따름이다.

이제 영산강 유역에 전방후원분이 존재한다는 사실은 의심할 바 없는 사실로 굳어졌다. 한반도의 것은 대체로 밑변 70미터 내외로부터 50미터에 이르는 것까지 다양하다. 그런데 문제는 그것이 왜 하필 거기에만 조영되었으며, 묻힌 사람의 성격은 과연 어떠한가 하는 점이다. 사실 발견 이후 그 연대가 대략 5세기 후반으로 설정되면서 그것을 무조건 일본의 전방후원분과 연결짓지 않으려는 의도로서 접근함이 당시의 대세였다. 그래서 그 명칭조차 장고(형)분, 전방후원형고분 등으로 불렸지만 발굴 자료에 바탕한 종합적 검토를 통하여 확연히 드러났듯이 일본 전방후원분의 북부 큐슈 지역 형식임이 거의 명백해진 상태이다. 그리고 유구(遺構)의 현상도 제사와 관련되었으며 출토 유물도 왜계(倭系)라는 쪽으로 의견이 모아져 가고 있는 것이다.

그렇다면 과연 그런 성격의 분묘가 왜 하필 영산강 유역에 조영되었으며 주인공은 재지의 토착인인가 아니면 왜(倭)로부터 직접 건너온 사람인가. 아직 이 문제에 대해 선뜻 명확한 해답을 내리기는 곤란한 실정이지만 재지인(在地人)이라면 당시 다른 형태의 묘제도 있었는데 왜 왜계의 전형적 묘제를 채택하였는가가 뚜렷하게 밝혀져야 한다. 왜계라면 또 왜 그들이 이 지역에 들어와 정착하게 되었는가 하는 점도 아울러 드러나야 한다. 사실 그 점을 제대로 확인하기 위해서는 그것이 특정한 지역에만 한정적으로 분포되어 나타나며, 또 일정한 곳에서 지속되지 않고 극히 한시적 기간에만 조성되었을 뿐이라는 점, 그리고 이후 왜 계승되지를 않았는가, 또 밀집되지 않고 분산적이었던가, 왜 인근의 이른바 옹관고분이 조영된 지역에는 보이지 않는가 하는 점 등등을 주된 고려의 대상으로 삼아야 한다. 지나친 민족적 선입견이나 감정의 이입(移入) 없이 사실 그대로가 규명되어야 할 터이다.

그런데 전방후원분이 출현하자마자 이를 곧바로 임나일본부설을 증명하여 주는 듯이 풀이한 주장이 발표되었다. 이는 발견 당시부터 이미 충분히 예측되던 일이다. 앞서 언급하였듯이 그 연대를 처음부터 올려 잡아 일본 전방후원분의 시원형(始原型)으로 추정한 것도 물론 문제려니와 당장 임나일본부설을 떠올려 그와 직결시키는 것은 더 더욱 큰 문제이다. 이들이 알려졌을 때 수많은 일본인 연구자들은 현장을 답사하고 즉시 국제회의를 여는 등 상당한 관심을 쏟은 이유가 바로 거기에 있었다면 정말 우려되는 바라 하지 않을 수가 없다. 왜냐하면 앞으로도 그를 기정사실화한 바탕 위에 끼워 맞추기식의 해석을 추구해갈 터이기 때문이다. 그것은 곧 과거에로의 완전한 회귀를 의미한다. 아직 그 성격을 비롯한 제반 사정을 뚜렷이 밝힐 만한 정보가 미처 축적도 되기 전임에도 일각에서 당해 지역을 5세기 왜의 5왕(王)이 남조의 송(宋)로부터 받은 작호에 보이는 모한(慕韓)과 곧바로 연결짓는 데서 그런 점이 강하게 느껴진다. 모한을 임나와 직결시켜 거기에 임나일본부가 있었다고 강변하려는 저의가 바탕에 깔려 있는 것이다.

바야흐로 임나일본부설을 되살리려는 낌새가 감지되는 것이다. 특히 최근 가속화되고 있는 일본사회의 우경화 현상과 맞물려 장차 그런 물살을 급속하게 타게 될지도 모른다고 예단하면 지나친 기우일까. 사실 어쩌면 지나간 일일 듯한 임나일본부설 문제를 여기에서 다시금 들고 나오게 된 중요한 이유의 하나는 실로 여기에 있다. 아래에서는 기존 임나일본부설이 나오게 된 시대적 배경과 과정에 대한 추적을 통하여 그와 같이 잠재된 위험성의 일단을 구체적으로 검도하여 보도록 하겠다.

2. 임나일본부설의 성립과 전개

1) 임나일본부설의 근거

『일본서기』 신공기(神功紀) 49년조

임나일본부설이란 단어를 머리에 떠올리면 가장 먼저 매스컴이 저절로 연상되는 것은 나만의 문제일까. 지금은 그렇지 않지만 과거 한때 그와 관련한 뉴스가 자주 보도된 적이 있기 때문에 그러리라. 그런 경험을 공유한 탓에 임나일본부라는 주제는 한때 전 국민적 관심사가 되기도 하였다. 임나일본부란 주제는 그만큼 큰 문젯거리였다. 비록 과거의 수준에는 미치지 못하지만 지금에도 일본의 역사교과서 문제가 제기될 때면 으레 논란의 대상으로 올리는 메뉴 가운데 하나로 손꼽힌다. 대한민국의 성인이라면 그 동안 이 단어를 한 번도 들어보지 못한 사람은 거의 없다고 하여도 지나치지가 않을 정도이다.

그처럼 널리 인구에 회자되면서도 우리의 중등학교 역사교과서에는 그에 대한 자세한 내용은 거의 언급되어 있지 않다. 잠시 고등학교용 역사교과서에서 각주(脚註) 정도로만 소개되기도 하였을 따름이다. 물론 교과서에서는 그 정도로만 다루는 것이 어쩌면 지극히 당연한 일로도 보인다. 일본의 모든 역사교과서에는 과거 한때 사실로서 서술되고 있었던 것과는 매우 대조적이다. 이 주장은 그 자체 역사적 사실이 아니라 어디까지나 가설에 불과하기 때문이다. 그래서 일반인들은 교과서를 통하여 그에 대해 체계적으로 배운 적은 없으며 단지 매스컴을 통하여 겨우 단편적으로 습득한 토막 정보밖에 보유하지 못한 수준이어서 구체적인 내용은 잘 알지 못하는 경우가 대부분이다. 따라서 우선 그에 대하여 약간의 내용을 정리해 둘 필요가 있을 것 같다.

임나일본부설은 한마디로 말하면 임나라 불리는 지역이 4세기 후반부터 일본 천황의 직할지로 편입되었고 그를 유지·관리하기 위하여 일본부라는 항구적 관리 기관을 두고 천황의 명령을 받은 관료가 그곳에 파견되어 대리 통치하였으며 이후 562년 신라가 그 지역을 완전히 장악할 때까지 200년 동안 그런 상태가 지속되었다는 주장이다. 이 임나일본부는 흔히 1910년 두어진 식민통치기관인 조선총독부를 연상케 하여 마치 그와 유사한 성격인 것처럼 지적되어 왔다. 임나는 개념상 약간의 차이를 보이지만 『삼국사기』나 『삼국유사』와 같은 우리 측

사서에 보이는 가야가 바로 그것이다. 따라서 그 위치는 현재 낙동강 유역을 중심으로 이서 지역의 경상남북도 일대를 가리킨다고 보면 무난하다. 뒷날 대체로 경상우도(慶尙右道)라 일컬어진 지역에 해당하는 셈이다. 『일본서기』에 보이는 몇몇 지명에 대한 비정을 통하여 임나의 영역이 현재 전남 동부지역까지도 포함되는 것으로 추정되기도 한다. 다만 임나란 용어는 광개토왕비를 비롯하여 『삼국사기』 열전의 강수전(强首傳), 10세기의 진경(眞鏡大師) 비문 등 우리 측 문헌에도 보이므로 그 차체는 일본의 창작이 아님은 명백하다. 임나 자체는 당연히 한반도에서 만들어진 명칭이다.

사실 임나일본부설이 아무런 문헌상 근거가 없이 막무가내식으로 주장된 창작은 아니다. 가장 먼저 720년에 쓰여진 『일본서기』란 30권의 편년체로 쓰여진 역사서의 몇몇 기사를 실마리로 하였다. 이를 근거로 삼아 나름의 특정한 목적을 이루어내기 위한 정치적 입장이 개입됨으로써 그와 같은 결론을 이끌어내었다. 사실성 여하의 문제를 떠나 『일본서기』에는 꼭 그렇게 서술된 상태는 아니며 단지 해석의 여지가 남는 약간의 단서만 보일 따름이다. 그것도 전후 맥락이 닿지 않는 지극히 설화적인 형태로 서술되어 있다. 이를 매개로 삼아 그처럼 크게 확대된 해석을 가함으로써 마침내 임나일본부설은 가설의 범위를 넘어서 틀림없는 역사적 사실로 둔갑하게 된 것이다. 그 주된 실마리는 이른바 신공기 49년조라 불리는 기사를 중심으로 한 전후의 몇몇 기사이다. 아래에 그와 관련하여 핵심을 이루는 기사의 골격을 대충 간추려서 정리하면 다음과 같다.

(A) 신공기 46년 봄 3월 ; 사마노쓰꾸네(斯摩宿禰)가 탁순국(卓淳國)에 왔는데 그때 탁순국왕은 2년 전 백제인 구저(久氐) 등 세 사람이 동쪽에 일본이라는 귀국(貴國)이 있다는 소리를 듣고 그곳으로 가려고 왔다 하므로, 당시 자신들도 가본 적이 없어서 잘 알지 못한다고 하였더니, 만약 귀국의 사신이 온다면 알려 달라 부탁하고는 되돌아갔다고 전달하였다. 사마노쓰쿠네는 자신의 종자 니하야(爾波移)를 탁순 사람인 과고(過古)에게 딸려 백제로 보내었다. 이에 백제는 보물 창고를 열어 보여 자랑하면서 귀국에 바치려 하여도 길을 알지 못하니 지금 사신 편으로 보내겠다고 하였다. 니하야는 일을 마치고 돌아와 사마노쓰쿠네에게 보고하였다. 그들은 탁순에서 일본으로 돌아왔다.

(B) 신공기 47년 여름 4월 ; 백제왕이 구저 등을 보내어 조공하였다. 이때 신라의 사신도 함께 도착하였다. 두 나라가 바친 공물을 조사하니 신라의 공물은 진기한 것이 많았고 백제의 그것은 적고 천하며 좋지가 않았다. 그래서 백제 사신을 추궁하니 대답하기를 길을 잃고 헤매다가 사비(沙比) 신라에 이르러 신라인에게 붙잡혀 공물을 바꿔치기 당했다고 하였다. 그러고는 신라인들이 사실을 발설하면 돌아오는 길에 죽이겠다고 협박하였으므로 부득이

그에 따랐다고 고백하였다. 이에 치꾸마나가히꼬(千熊長彦)를 신라에 보내어 책망하였다.

(C) 신공기 49년 봄 2월 ; 아라다와께(荒田別) 등을 장군으로 삼아 탁순국에 이르러 신라를 치려고 하였다. 이때 병력이 부족함을 알고 보충을 요청하니 백제장군 목라근자(木羅斤資)와 사사노궤(沙沙奴詭)에게 정병을 이끌고 가도록 명령하였다. 다 함께 탁순에 모여 신라를 격파하고 이어서 비자발(比自㶱)·남가라(南加羅)·록국(㖨國)·안라(安羅)·다라(多羅)·탁순·가라(加羅) 등 7국을 평정하였다. 또 군대를 옮겨 서쪽으로 돌아 고해진(古奚津)에 이르러 남만(南蠻)인 침미다례(忱彌多禮)를 도륙하여 백제에 주었다. 이에 백제왕 초고(肖古)와 왕자 귀수(貴須)가 군대를 끌고 와서 만났다. 이때 비리(比利)·벽중(辟中)·포미지(布彌支)·반고(半古)의 4읍(邑)이 스스로 항복하였다. 백제왕 부자와 아라다와께, 목라근자 등이 함께 의류촌(意流村)에 모여서 서로 기뻐하고 후하게 예를 다하여 보내었다. 오직 치꾸마나가히꼬와 백제왕만이 백제국으로 가서 벽지산(辟支山)에 올라 회맹하고 다시 고사산(古沙山)에 올라 이후 천년만년 끊이지 않고 항상 서번(西蕃)이라 칭하고 매년 봄과 가을로 조공하겠다고 맹세하였다.

(D) 50년 여름 5월 ; 치꾸마나가히꼬와 구저 등이 백제로부터 이르렀다. 이때 다사성(多沙城)을 더 주어서 가고 오는 길의 역(驛)으로 삼게 하였다.

(E) 51년 봄 3월 ; 백제왕이 구저 등을 보내어 조공하였

다. 이 해에 치꾸마나가히꼬를 구저 등에 딸려서 백제로 보내었다. 이에 서쪽을 평정하여 백제에 주었으니 다시 우의를 맺게 길이 은총을 내리라고 하니 백제왕이 영원히 서번이 되어 끝내 두 마음이 없을 것이라 답하였다.

(F) 52년 가을 9월 ; 구저 등이 치꾸마나가히꼬를 따라 와서 칠지도(七枝刀) 1자루와 칠자경(七子鏡) 1개 및 여러 가지 귀중한 보물을 바쳤다.

이상의 기록은 『일본서기』에 보이는 임나일본부설의 근거로 제시된 일련의 사건을 연대순으로 간략히 정리하여 열거해 본 것이다. 약간 장황하게 되었는데 그 요지는 대략 다음과 같다. 백제가 왜와 통교하기 위하여 사신 파견을 시도하였는데 마침내 신라 영역에 이르게 되고 이로 말미암아 공물을 바꿔치기 당한 상태로 왜에 나아갔다. 그러나 신라가 주도한 공물 바꿔치기 사건의 전모가 곧바로 들통나고 말았다. 이것이 발단이 되어 왜는 신라 공격을 단행하였다. 왜가 파견한 병력과 백제의 증원병이 모두 탁순국에 집결하여 신라를 간단히 격파하고 난 뒤 가라 등 7국을 평정하고 기수를 서쪽으로 돌려 고해진에 이르러 남만의 침미다례를 도륙하여 이를 백제에게 주었다는 것이다. 백제의 근초고왕 부자(父子)가 병력을 이끌고 와서 만났는데 이때 주변의 4읍이 스스로 항복해 왔다고 한다. 이후 백제왕은 치꾸마나가히꼬와 함께 고사산에 올라 영원히 서번(西藩)으로서 매번 봄과 가을에 조공하기로 맹세하고 그에 따라 신공기 50·51·52 3년에 걸쳐 연속하여 조공하였는데 특히 52년의 칠지도와 칠자경를 보낸 것은 그를 마무리하는 상징적인 의미를 지닌 사건이었다고 하겠다.

사실 이 기록에 대해서는 현재 그대로 믿으려는 긍정설과 아무런 역사적 편린도 담겨져 있지 않다는 완전부정설을 비롯하여 역사적인 사실이 부분적으로 담겨져 있으므로 윤색·왜곡된 부분을 비판적으로 걷어내면 복원이 가능하다는 수정론 등으로 크게 엇갈리고 있는 상황이다. 그 가운데 임나일본부설은 물론 기록 전체를 긍정론의 입장으로부터 제기된 주장이다. 사실 얼핏만 보아도 이 기사는 엉성하여 내부적 모순점이 너무도 많이 발견된다. 병력을 동원하게 만든 주된 원인을 제공하였다던 신라와의 싸움에 대해서는 아무런 구체적 전투 내용은 없고 단지 격파하였다는 것만 제시되었을 뿐이다. 이는 이 기사에 근본적인 문제가 내재되어 있음을 시사하는 대목이다. 그리고 이제까지 핵심으로 여겨져 온 49년조의 가라 7국 평정 이후 그 향방에 대해서는 아무런 구체적인 사실이 보이지 않는다는 점도 문제가 된다. 오직 7국을 평정하였다는 것만 간략히 기록되었을 따름이다. 그러면서도 출병과 직접적인 관련이 없는 백제와의 관계를 가장 중심적 대상으로 서술하고 있다. 어쩌면 이 기사들은 백제의 활동을 주축으로 거기에 왜의 관계를 덧붙여 일련의 사실로 만들어낸 듯한 인상을 강하게 풍긴다. 그럼에도 불구하고 이 기사를 주된 근거로 삼아 이후의 자료들을 끌어들여 그와 연결시킴으로써 사실이라 가공해낸 가설이 바로 임나일본부설이라 하겠다.

사실 이 기사를 아무런 선입견 없이 바라보면 왜가 한반도에 출병(出兵)한 주된 목적은 신라나 가라 7국의 평정이 아니라 구체적 지명으로 등장하는 고해진을 비롯한 남만 침미다례와 함께 소위 임나 4읍으로 불리는 지역의 편입을 대상으로 삼은 듯한 느낌이 짙다. 그 가운데 남만 침미다례는 백제에 주어버리고 대신 부근의 4읍에 대해서는 구체적인 언급은 제시되어 있지 않으나 왜가 스스로 장악한 듯한 여운을 남기고 있다. 그럼에도 이 기사를 임나일본부설의 근거로 삼게 된 것은 6세기에 이르러 그런 표현이 처음으로 보이기 때문이다.『일본서기』에는 6세기에 임나일본부란 명칭이 5회, 일본부(日本府)가 35회 등장한다. 그래서 이와 연결 지어서 가라 7국은 물론이고 임나 4읍을 천황의 직할지라 설정하고 그를 직접 다스리는 기관으로서 4세기 중엽 이후 구체적 실체로서 임나일본부의 존재를 상정해낸 것이다. 말하자면 신공기 49년조를 주된 근거로 삼아『일본서기』6세기 초의 몇몇 기사에 보이는 내용을 결합하여 일련의 사실로 만들어낸 것이 바로 임나일본부설이라 하겠다. 여기저기에 흩어져 있어 서로 직접 연결되지 않는 단편적인 기록들을 철저한 사료 비판의 과정을 제대로 거치지 않은 채 무조건 사실로 인식한 바탕 위에 짜깁기식의 편집을 통하여 하나의 가설로 만들어 낸 것이 바로 임나일본부설이다.

　황당한 기사를 사실로서 굳게 믿으려는 배경의 근저에는 52
년조 기사에 보이는 칠지도 헌상 기사가 깔려 있다. 후술하듯
이 그때의 실물이 현재까지 남아 전해지고 있으므로 『일본서
기』의 기록 그 자체도 의심할 바 없는 사실이라는 인식이었다.
다른 한편에서 그것을 결정적으로 보강해 주는데 동원된 대상
이 바로 당대 사료인 광개토왕비문이었다.

『송서(宋書)』 왜전에 보이는 왜 5왕

　한편 『일본서기』와 함께 임나일본부설을 사실로서 입증하
여 주는 또 하나의 중요한 문헌상 증거로 들고 나온 것은 『송
서』 왜전(倭傳)에 나타나는 왜의 다섯 왕이 남조의 송나라로부
터 받았다는 작호이다. 『송서』에는 찬(讚), 진(珍), 제(濟), 흥(興),
무(武)라는 5인의 왜왕 이름이 보이는데, 이들은 거의 대부분
송과 활발한 외교적인 교섭을 벌여 각기 작호를 수여받았던
것으로 나타난다. 그래서 일본사에서는 이 시대를 흔히 왜 5왕
의 시대라 부르고 있다. 그 동안 일본 고대사학계에서는 이들
5왕이 『일본서기』에 보이는 왕 가운데 누구에 해당하는지를
둘러싼 논란이 크게 벌어졌다. 그러면서 다른 한편에서는 그
들이 지닌 작호가 곧 한반도 남부 지배를 증명하여 주는 뚜렷
한 증거로서 활용하여 왔던 것이다. 왜왕이 중국 황제의 권위
를 빌어서 한반도 남부에 대한 정치적 지배의 입장을 유지·

발전시키고자 시도한 것이 바로 송으로부터 받은 작호라는 것
이다.

421년 찬이 송에 처음으로 사신을 보낸 후 425년, 430년에
도 조공하였는데 당시까지는 어떤 작호를 받았다는 흔적은 보
이지 않는다. 그러다가 최초로 송으로부터 작호를 받은 사례
는 찬의 아우인 진이 438년 사신을 보내면서였다. 이때 진은
스스로 '사지절도독왜백제신라임나진한모한육국제군사안동대
장군왜국왕(使持節都督倭百濟新羅任那秦韓慕韓六國諸軍事安東大將軍倭國
王)'이라 자칭하면서 그를 정식으로 승인해 달라고 요청을 하
였다. 이에 대해 송에서는 수식을 전부 제거하고서 단지 '안동
장군'만 승인하여 주었을 따름이다. 송으로서는 그런 형태의
작호는 전혀 전례가 없었기 때문이다. 따라서 왜국왕이 처음
창안한 작호였음이 분명하다. 그러다가 451년에는 진에 뒤이
어 왜왕에 오른 제를 대상으로 송에서는 '사지절도독왜신라임
나가라진한모한육국제군사안동대장군왜국왕(使持節都督倭新羅任那
加羅秦韓慕韓六國諸軍事安東大將軍倭國王)'이라는 작호를 인정하여 주
었다. 갑자기 찬에게 그런 작호를 인정해 준 이유는 불분명하
지만 아마도 그의 끈질긴 요청에 의한 것이 아니었던가 싶다.
두 작호를 비교하면 같은 육국제군사(六國諸軍事)이지만 승인 받
지 못한 앞의 작호 속에는 백제가 들어 있는 반면 승인된 뒤
의 작호에는 백제가 빠진 대신 가라가 들어 있다는 점에서 뚜
렷하게 차이가 난다. 백제를 넣었다가 실패한 경험이 있으므

로 이번에는 미리 그를 제외하고 대신 가라를 채워 넣어 의도적으로 6국으로 만든 것으로 보인다. 아마도 백제가 제외된 것은 이미 그에 훨씬 앞서 420년부터 줄곧 송으로부터 왜왕보다 한층 높은 진동대장군(鎭東大將軍)이란 작호를 받고 있었기 때문이다. 흥이 사망하고 그 뒤를 이어 즉위한 무가 478년 '사지절도독왜백제신라임나가라진한모한칠국제군사안동대장군왜국왕(使持節都督倭百濟新羅任那加羅秦韓慕韓七國諸軍事安東大將軍倭國王)'을 자칭하고서 그에 대한 승인을 요청하였으나 송에서는 이번에도 역시 백제를 빼고서는 '사지절도독왜신라임나가라진한모한육국제군사안동대장군왜국왕(使持節都督倭新羅任那加羅秦韓慕韓六國諸軍事安東大將軍倭王)'이란 작호를 인정하여 주었다. 그 이듬해인 479년 송이 멸망하고 남제가 건국되면서 다시 그를 그대로 승계시켜 주었다.

이들 작호에 대해서 일본 학계에서는 오래도록 왜왕의 정치적 군사권이 백제 이하에 보이는 국명에 대해 실제 그대로 미쳤다고 해석하여 왔다. 왜왕은 한반도 남부의 지배를 위하여 스스로 위와 같은 칭호를 갖고서 군사적 지배를 한다고 주장한 것이며, 그 가운데 가장 중심인 백제가 종속한 중국 왕조로부터 직접 그 지배권을 인정받고자 한 것이라 풀이하였다. 사실 이 기사에 대해 아무런 근본적 비판이 없이 액면 그대로를 수용한다면 왜왕이 실제로 승인 받은 신라 이하의 여러 나라에 대한 군사권이 마치 왜왕에게 있는 듯하게 해석될 여지가 없지도 않다. 그러나 한 걸음 더 나아가 보면 이를 액면 그대로 받아들이기에는 문제가 많다는 사실이 저절로 드러난다. 기왕에는 그런 기본적 사항을 사료 해석상에서 전적으로 무시하였던 점에 커다란 문제가 있었던 것이다.

첫째, 외교적인 목적에서 승인된 작호란 점을 거의 고려하지 않았다는 점이다. 그것을 왜왕에게 인정해 준 송으로서는 실제적인 사실인지 혹은 기능을 하는지 어떤지는 전혀 관심 밖의 일이었다. 백제는 490년 남제로부터 대립 세력인 북위(北魏)의 영토 내였던 광양(廣陽), 광릉(廣陵), 청하(淸下), 성양(城陽) 등의 지명이 붙은 태수호(太守號)를 받았던 적이 있다. 그렇다고 이들 지역이 곧바로 백제 영역으로 되는 것도, 장차 편입될 대상이 되는 것도 아니었다. 그들은 모두 인정해준 남제의 영향력이 직접 미치는 지역도 아니다. 그럼에도 남제는 백제의 요구를 액면 그대로 태연히 승인하여 주었던 것이다.

둘째, 왜가 송에 스스로 작호를 요청하였다는 사실이다. 전후 과정을 살펴보면 왜왕은 승인을 위하여 끈질기게 매달린 느낌이 든다. 그것은 왜왕이 어떤 특별한 목적에서 작호 승인에 집착하고 있었던 사정을 반영한다. 그런데 이런 형태의 작호는 전후하여 달리 사례가 없는 특수한 예에 속한 것이다. 그럼에도 요청한 그대로 승인 받지를 못하였다. 특히 백제가 제외되었다는 점은 주목되는 사실이다. 백제는 이미 420년 송으로부터 왜왕이 요청한 것보다 더 높은 진동대장군(鎭東大將軍)의 작호를 제수 받았다. 아마도 백제가 제외된 것도 바로 그 때문이었던 것으로 보인다. 한편 그 속에 보이는 다른 나라들은 전후하여 단 한 차례도 송과 교섭한 적이 없는 관계였다. 그 까닭으로 그들만은 별다른 이의 없이 승인되었던 것이다. 이는 작호가 실제적으로 기능하지 못하였음을 뚜렷이 보여 주는 증거라 하겠다.

셋째, 신라가 작호 속에 들어간 점이다. 신라는 왜와 오래도록 적대적 관계를 유지하여 왔고 그 점은 『삼국사기』 등 국내 측 사서에서는 물론이고 『일본서기』에서도 줄곧 그대로 확인되는 저명한 사실이다. 그럼에도 작호를 매개로 5세기 당시 왜왕이 신라에 대한 군사권을 갖고 있었다고 해석하는 것은 온당하지 못함을 여실히 보여 준다고 하겠다.

넷째, 진한(秦韓)과 모한(慕韓)의 문제이다. 진한은 바로 신라의 모태가 된 진한(辰韓) 바로 그것을 지칭하며, 모한은 곧 마한(馬韓)으로서 백제는 그를 바탕으로 출현한 왕조국가이다. 그런데 이들은 이미 4세기 중엽 이후에 백제와 신라가 성립하면서부터 더 이상 실재하지 않은 과거의 흘러간 정치세력이었을 따름이다. 왜왕의 작호 외에는 4세기 이후 그런 명칭이 전혀 나타나지 않는다는 사실이 그를 뚜렷이 입증하여 준다. 이는 작호가 비현실적 성격의 것임을 명백히 보여 주는 실례이다.

다섯째, 작호 속에는 임나 하나만이 아니라 고구려를 제외한 한반도 남부 지역 전체가 그 속에 포함되어 있다는 점이다.

그것은 기존의 임나일본부설과도 전혀 어울리지 않음은 물론이다. 이를 통하여서는 오히려 임나일본부설 자체가 성립되지 않는다는 사실이 역으로 방증된다.

이처럼 적대적이거나 실재하지 않은 정치세력까지 작호 속에 넣었다는 것은 단지 송에게 왜왕이 군사권을 요청한 것이었을 뿐 그것이 실제적으로 기능하고 있었다고 볼 근거는 되지 못한다. 당시 국제관계나 한반도 전반 사정을 통하여 이들에 보이는 나라들이 모두 일본열도 내에 존재하였다고 보는 견해도 있다. 그러나 이는 백제가 빠진 점 등을 고려하면 그대로 받아들이기는 곤란한 주장이다.

사실 이상의 몇 가지 지적 사항을 고려하면 이 왜 5왕의 작호는 외교적 목적에서 승인되었던 것일 뿐 그 자체가 실제적 기능을 갖는다고 말하기는 어렵다. 문제는 왜가 왜 군이 그런 목적에 집착하였는지를 밝히는 일이다. 아마도 대내적으로 그를 매개로 삼아 일본열도 내 연합세력의 주축인 왜왕이 자신들 중심의 통합과 결속을 한층 굳게 다져나가고 나아가 대외적으로는 백제와 한창 경쟁하면서 외교적 우위를 장악하려는 데에 목적을 둔 의도가 아닌가 싶다. 5세기에 들어와 상대적으로 뒤늦게 동아시아의 국제무대에 등장한 왜가 백제와 경쟁하면서 그 대신 외교적 주도권을 잡으려는 시도를 꾀하였을 가능성은 충분히 예상된다. 특히 국제관계상에서 약간의 긴장이 조성될 때에는 그와 같은 현상이 자주 나타난다. 아마도 당시 북방의 강적인 고구려가 남진정책을 강력하게 펼치던 상황에서 왜왕은 자신들 중심으로 헤게모니를 장악하려는 꿈을 꾸었을지도 모를 일이다. 그러나 바다 건너의 불리한(혹은 유리한) 곳에 자리한 왜로서도 그것이 마침내 성공할 수 있다고 여기지는 않았을 것이다. 따라서 작호에 집착한 목적은 외형적으로는 동아시아 국제무대에 대한 형식적인 주도권 장악을 내걸었지만 그를 통하여 실제적으로 노렸던 것은 오히려 대내의 정치적 통합과 결속력의 강화였을 것으로 짐작된다. 사실 임나가 정말 천황의 직할지였다면 왜와 적대적 관계였던 신라다음 세 번째로 기록되었다는 자체가 이상하다. 이는 왜 5왕 작호가 임나일본부설을 증명하여 주는 근거가 아니라 도리어 부정하는 단서가 됨을 뜻하는 것이다.

임나일본부설은 이상의 문헌 자료를 일차적인 근거로 삼아 출발하였지만 그 위에 결정적인 자료로서 활용된 것은 광개토왕비문과 칠지도였다. 다음에는 임나일본부설이 정착하는 과정에서 그것이 어떻게 이용되었는가를 살펴보기로 하겠다.

2) 성립의 배경

일본 근대역사학의 비극적 탄생

임나일본부설의 기원은 어쩌면 『일본서기』란 책이 편찬되는 720년까지 소급해야 할 지도 모른다. 그것은 이 책이 편찬된 이후 일본 정부가 왕족과 대신들을 대상으로 강의를 진행한 데서 유추되는 사실이다. 당시 일본 조정에서 논의한 중심 대상은 신라의 군사적 공략(정벌)에 놓여 있었다. 신라의 공략과 관련한 내용은『일본서기』전편에 흐르는 일관된 주장이었다. 이 사서에서는 신라가 반드시 정벌해야만 하는 대상으로 설정되어 있는 것이다. 물론 그것이 한 번도 실현되지는 못하였지만『일본서기』전체를 통하여 줄기차게 주창되고 있는 내용이다. 이보다 앞서 중애(仲哀) 8년기부터 신공기 섭정(攝政) 전기 9년조에 이르기까지 황금이 번쩍이는 나라 신라를 대상으로 삼은 정벌 기사가 실려 있다. 그 내용이 너무도 황당하여서 지금에는 한국 학계는 물론이고 일본 학계에서조차 전혀 논의의 대상으로 삼지 않을 정도이다. 그곳에는 아무런 역사적 편린도 들어 있지 않다고 보기 때문이다. 그럼에도 그런 내용이『일본서기』에서 매우 주요한 항목으로 다루어지고 있는 것은 8세기 초반 당시 일본 지배층 사이에 만연되어 있던 신라에 대한 인식을 반영하는 것으로 풀이된다. 임나와 관련된 사실은 어쩌면 그에 부수된 대상이었을 뿐이다. 이에 대한 구체적인 사항은 뒤에서 따로 언급하기로 하겠다.

『일본서기』가 본격적으로 학문 연구의 대상으로 부각되기 시작한 것은 한참 세월이 흐른 에도(江戸, 1603-1867)시대에 들어와서의 일이다. 아라이 하쿠세끼(新井白石, 1657-1725)나 모토오리

노리나가(本居宣長, 1730-1801) 등을 비롯한 무조건 일본적 전통의 우위를 강조하려는 이른바 국학자(國學者)들 사이에서는 『고사기(古事記)』와 『일본서기』를 중심에 두고서 자국의 역사와 문화를 인식하려는 경향이 두드러졌다. 이후 일본의 고대 한반도 경영설이 주장될 만한 발판이 차츰 마련되어 갔다. 물론 임진왜란 때 조선 침략의 명분으로 일시 내세워지기도 하였지만 그것은 『일본서기』에 대한 체계적인 해석을 근거로 도출된 주장은 아니었다. 그러다가 가장 먼저 임나일본부설의 기반을 마련한 단초는 에도시대 도꾸가와(德川) 막부의 중추였던 미토번(水戶藩)이 1720년 『대일본사(大日本史)』를 편찬하면서였다. 그러나 이 시기에는 일본의 고전에 대해 큰 신뢰를 보내면서도 본격적 연구라기보다는 『일본서기』에 대한 주석 달기나 훈독하기 등의 수준에 머물렀다. 특히 당시에 주장된 임나일본부설이라 하더라도 그 책을 읽는 지배층과 식자층 사이에서만 겨우 알려진 정도이며 피지배 대중에게까지 그런 의식이 공유되지 못한 점이 주요한 특징이었다. 말하자면 아직은 한국 진출과 경영을 위한 지배의 도구로 활용되지는 않은 상태였다고 하겠다. 다만 여기에서 정리된 내용이 19세기 후반에 이르러 비교적 짧은 기간에 근대역사학의 이름을 빌리면서 임나일본부설이 본격적으로 탄생하게 되는 기초적 배경으로 작용하였다는 데에 일정한 의미와 의의가 있다.

일본에 근대역사학이 태동되기 시작한 것은 1877년 개교한 제국대학(帝國大學, 얼마 뒤 東京帝大로 개명되었으며 현 동경대학의 전신)에 그로부터 꼭 10년 뒤인 1887년에 이르러 사학과가 설치되면서부터였다. 당시의 사학과는 서양사가 주된 강의 내용으로 꾸려진 학과였다. 여기에 루드비히 리스(Ludvig Riesse)라는 젊은 서양사학자가 주임교수로 부임하면서 근대역사학적 연구방법이 일본에 본격적으로 도입되기 시작하였다. 그는 흔히 근대역사학의 아버지로 불리는 독일의 역사가 레오폴드 랑케(Leopold von Ranke, 1795~1886)가 배출한 문하생으로부터 근대적 역사연구방법론을 배웠다고 한다. 일본에서는 리스를 통하여 독일의 근대역사학이 직수입된 셈이었다. 랑케류의 근대역사학은 원사료(原史料)를 무조건 그대로 믿고 따르는 것이 아니라 그에 대한 철저한 비판과 고증을 거쳐 역사 서술에서 역사가의 주관을 가능하면 배제하고 객관적 서술을 본령으로 함을 투철한 원칙으로 삼는 실증주의적 입장을 말한다. 말하자면 사료 비판을 기본으로 하여 역사 서술의 객관주의를 표방한 역사학이었다. 여기에 담겨진 중요한 의의는 역사 서술에서 정치적·종교적인 간섭과 영향을 철저하게 배제하려 하였다는 사실이다.

근대역사학의 기본 입장이 그러함에도 불구하고 수용 당시 그것이 일본에서 자연스럽게 뿌리내려질 상황은 아니었다. 1868년에 시작된 메이지유신이란 도꾸가와 막부(幕府)로부터 빼앗은 정치적 실권을 천황에게 되돌려주는 개혁이었다. 이후 한창의 논란과 진행을 거쳐 1880년대 후반 무렵에는 천황을 정점으로 한 소위 천황제국가가 완성되어 가는 시점에 다다르고 있었다. 근대역사학이 도입되던 시기는 그처럼 갓 출범한 천황제국가가 대외 팽창을 본격적으로 추진하는 제국주의 국가로 발돋움하던 때였다고 하겠다. 따라서 도입기의 일본 근대역사학은 내부적으로는 천황 중심의 권력을 저절로 뒷받침해주는 기능을 담당하게 되고 외부적으로는 대외 팽창의 명분을 제공해 주는 역할을 다함으로써 불행한 첫발을 내딛고 있었다. 1889년에는 사학과로부터 국사학과가 분리·창설되면서 거기에서 배출된 젊은 연구자들의 대부분은 천황제 권력 나아가 제국주의의 팽창 정책을 적극 지원하는 독특한 전위적 역할을 자의반 타의반으로 담당할 수밖에 없는 상황이었다.

그런데 그것은 서양에서 출범한 근대역사학의 기본적인 방향과 원칙에 배치되는 성격의 것이었다. 일본 근대역사학의 체질이 근본적으로 문제가 되는 것은 그 첫 단추가 잘못 끼워진 탓이었다. 정치와 종교로부터의 독립을 외치면서 탄생한 학문인 근대역사학이 일본에 수용되면서 오히려 현실 정치와 적극 접합하게 된 것은 커다란 아이러니였다고 하겠다. 그리하여 도출된 것이 이른바 황국사관(皇國史觀)이었다. 출발 당시 일본 근대역사학은 그럴 듯한 외피를 걸치고 있기는 하지만 사실상은 천황 중심적 지배이데올로기를 만들어 내는데 복무하는 저급한 학문에 지나지 않았다. 이로 말미암아 뒷날 그 잔재를 근본부터 청산하는 데 많은 힘을 쏟지 않으면 안 되었다.

기실 황국사관의 성립으로 가장 심한 피해를 입은 대상은 자국사(自國史)가 아니라 오히려 한국사였다. 황국사관이 팽배해진 분위기에서는 『일본서기』 전체 내용 그 자체가 천황가의 가족사(家族史)로 여겨져 도마 위에 올려놓고서 철저하게 난도질하는 대상으로 삼을 형편이 되지 못하였다. 그래서 『일본서기』에 실려 있는 기록 그대로를 의심할 바 없는 사실로 받아들이지 않으면 안 되는 분위기였다. 반면 근대역사학이라는 이름 아래에서 배운 연구 방법을 그대로 한국사 쪽으로 돌려서 지나치게 과도할 정도로 해체 분석하는 작업을 시도하여 정치적으로 활용하고자 하였다. 그런 의미에서 이 시기 일제 식민지배의 역사적 명분을 한국사 속에서 찾는 데서 형성된 이른바 식민주의사학(植民主義史學)이란 바로 황국사관의 외연(外延)이었다고 단언할 수 있겠다. 이제 한국사를 일본사 대신 도마 위에 올려놓고 문헌 비판이란 명분을 빌려 철저히 재단하려 하였다. 그 결과 한국고대사의 초기 도입부는 전혀 재검토의 여지도 없이 의고론적(擬古論的) 입장에서 철저하게 불신하여 잘라내고 말았다. 그 결과 한국사에서 건국신화를 토대로 한 초기국가의 성립은 저절로 부정되었고 나아가 『삼국사기』의 초기 기사는 무조건 설화·전설이라 치부됨으로써 삼국의 성립 시점까지도 상당히 늦추어지게 되었다. 한반도 남쪽에서는 물론 북쪽에서도 국가의 성립은 대단히 늦은 것으로 설정되었다. 이런 인식에 토대하여 나온 것이 한국사의 시작에서 중국의 지배를 강조하는 북선경영설(北鮮經營說)과 소위 왜에 의한 한반도 남부 지배인 남선경영설(南鮮經營說)이었다. 한국사는 성립기부터 외세에 의한 지배로부터 출발한다는 것이었다.

이로써 일본의 근대역사학 성립기부터 연구자들은 한국사의 기본적 성격을 먼저 타율성(他律性)이라 규정하면서 그에 입각하여 역사적 사실을 추적하였다. 이것이 커다란 하나의 흐름으로 형성되어 갔다. 타율성이란 글자 그대로 한국사의 기본적 속성으로서 외부의 힘과 외세(外勢)의 역할을 크게 강조하려는 것이다. 한국사의 전개 과정에서 특수하게 외세의 영향과 입김을 지나치게 강조한 나머지 한국인의 주체적인 활동과 역할을 부정하고 의도적으로 외침을 내세워 타율성을 한국사의 기본적 특성이라고 강변하였다. 역사적인 사실 가운데 다른 것은 일부러 배제하고 오직 외침의 기사만을 골라 뽑아 놓아 배열하고 해석하면서 그것으로부터 한국사의 본질적 특성을 추출하고자 기도하였던 것이다. 사실 그런 내면에는 그런 외침에 끈질지게 저항하면서 견뎌내고 살아남은 항전력(抗戰力)이 기본적으로 자리하고 있는 것이다. 일본의 저명한 양심적 한국사학자 하타다 다카시(旗田巍, 1908-1994)가 이미 적절하게 지적한 바 있듯이 한국사의 가장 기본적 특징은 외세에 대한 줄기찬 항전과 승리에서 찾아진다. 그 가운데 피지배 대중인 이른바 민중의 항쟁의식이 가장 두드러진 특징이라 지적되었다. 이런 측면을 전적으로 무시하고 겉으로 드러난 외침과 외세에 의한 지배만을 특별히 강조하여 그를 숙명(宿命)으로 받아들이도록 유도한 것이 바로 근대역사학의 이름으로 무장한 일본의 한국사 연구자들이었다. 그들이 만들어낸 논리가 바로 북선경영설과 남선경영설이었다.

한반도는 문화의 원류나 종족 계통으로 미루어 볼 때 한강 유역을 중심으로 하여 남북으로 양분되며 그 중 북방은 중국의 식민지로 출발하여 문명 개화(開化)하게 된다고 인식하였다. 그래서 단군신화(檀君神話) 및 그로부터 도출된 단군조선을 부정하고 대신 중국 은(殷)나라의 현인인 기자(箕子)가 망명하여 세웠다는 소위 기자조선으로서 한국사의 출발을 잡았으며 바로 뒤이은 위만(衛滿)조선은 중국의 연(燕)나라 망명객에 의해서 세워진 정권으로 보았다. 그에 뒤이은 한사군(漢四郡) 가운데 가장 오래도록 유지된 낙랑군(樂浪郡)도 평양지역에 위치하였다고 논단하였다. 이처럼 한반도 북방은 계속적으로 중국의 식민지로 이어진다고 강조한 것이다. 그야말로 중국 중심의 식민지 배적 인식이었다. 한편 그와는 반대로 한반도 남부 지역은 일본의 식민지 혹은 조공국(朝貢國)으로 편입됨으로써 비로소 문명사회로 진입한다고 풀이하였다. 그래서 임나일본부설을 중국에 의한 북선경영설과 대비하여 흔히 남선경영설이라고도 일컫는다. 그런 인식은 한반도에 대한 실질적인 지배와 함께 저절로 고착되어 갔다.

참모본부 중심의 한국사 연구

　근대역사학의 도입 당시부터 일본 군부는 역사 연구 특히 한국사 연구에 깊이 관여하기 시작하였다. 아마도 일본 조정에서 1874년 한반도를 식민화하자는 정한론(征韓論)이 본격적으로 제기될 당시 임나일본부설을 명분으로 활용하였던 사정과 밀접한 관련이 있는 것 같다. 초기에 그런 연구를 주도한 것은 군령(軍令)을 관장한 기관인 참모본부(參謀本部)였음도 그를 방증하는 사실이다.

　참모본부는 1871년 군정을 담당하는 병부성(兵部省) 개혁의 일환으로 그 내부에 참모국을 설치한 데에서 비롯되었다. 당시 거기에다가 간첩대를 조직하고 군사상의 목적을 위한 지도(地圖)를 작성하는 일이 부과되었다. 그에 따라 7명의 장교와 하사관이 처음으로 중국에 파견되어 군사작전과 전쟁에 활용할 만한 기초적 정보와 함께 역사상의 전적(典籍), 정치 변혁 등 자료를 폭넓게 수집하는 일에 골몰하였다. 이때 중국의 자료 뿐만 아니라 조선의 그것도 동시에 조사·수집되었음은 물론이다. 당시 즉각적인 정한론에 반대하여 시기상조론을 주장하던 일부의 수뇌부들도 장차 조선과 중국의 침략 문제를 놓고서 원대한 밑그림을 그리면서 세세한 작업을 추진해 가고 있었다. 역사 연구는 그런 현실에 봉사할 목적에서 진행되고 있었다. 1878년에 이르러서 정식으로 참모본부가 출범하였는데 당시 참모본부장은 군부의 실력자로서 뒷날 두 차례나 수

상을 역임하는 야마가따 아리도모(山縣有朋, 1838-1922)였다. 참모
본부의 직할로 편사과(編史課)를 두어 장차 일어날 전쟁에 철저
히 대비하기 위한 일환으로서 역사서 편찬에 주력하도록 유도
하였다. 참모본부 편사과는 원대한 계획 아래에 상세한 조사
를 진행하면서 당면한 실정 조사에만 머물지 않고 고금동서의
전사(戰史)도 아울러 연구 대상으로 삼고 그것을 전쟁 추진에
적극 활용하고자 하였다. 그런 임무를 완수하기 위한 목적에
서 육군 장교를 중심으로 선발한 능력자를 밀정(密偵)으로 훈련
시키고 마침내 다수를 중국에 파견하였다. 그들이 뒷날 청일
전쟁에서 승리를 거둔 것은 그처럼 이른 시기부터 반만의 준
비를 갖춘 개가라 여겨진다. 밀정들이 주어진 임무를 제대로
완수하도록 탁월한 능력을 갖춘 자가 선발·훈련되었음은 물
론이다.

　참모본부에서는 『황조병사(皇朝兵史)』와 같은 책을 이미 1880
년에 간행하였다. 거기에는 『일본서기』에 바탕하여 극히 설화
적인 내용으로 구성된 신공황후의 삼한 정벌을 기정의 사실로
서 뚜렷이 명기하고 있었다. 이는 에도시대의 주장을 아무런
비판 없이 그대로 계승한 것이었다. 1882년에는 같은 편찬과
에서 『임나고(任那攷)』라는 책을 간행하였다. 아직 근대역사학
이 수용되기 직전이었으므로 고대적인 인식에 입각하여, 그것
도 군부가 적극 나서서 만든 역사책이 이후 연구의 중심에 놓
였다는 데에 일본 근대역사학의 또 다른 문제점이 있다. 임나

와 관련한 연구가 학계보다도 한참 앞서 참모본부에서 진행되었다는 점은 한국사가 조선 침략 정책의 목적을 위하여 어떻게 연구되고 있었는가를 여실히 보여 주는 사례라 하겠다.

이처럼 명치 10년대(1877~1886)에 침략 전쟁 준비의 일환으로서 역사서 편찬이 행해졌으며 명치 20년대(1887~1896)에는 학자들에 의해 군부가 마련한 해석의 궤적을 따라 학문적 정치화(精緻化) 작업이 진행되었던 것이다. 그런 역할을 담당한 대표적 인물로서는 간 마사도모(菅政友, 1824~1897), 요시다 도고(吉田東伍, 1864~1918), 시라도리 구라기찌(白鳥庫吉, 1865~1942) 등을 손꼽을 수 있다. 이들이 진행한 연구의 결과로서 임나일본부설은 그 전까지 교과서에 지극히 간단하게 언급되던 것이 이제 『일본서기』를 주된 근거로 삼아 자세하게 다루어지기 시작하였다. 임나의 영역도 한반도 남부지역 전반에 걸쳐 넓게 설정되었다. 1880년대에 세워진 기본적 골격은 일제가 패망할 때까지 거의 변함없이 유지되었다. 이후에는 근본적 수정 없이 오히려 뿌리를 깊이 내리려는 방향으로 다각도의 노력이 가해졌을 따름이다. 어떻게 보면 임나일본부설이 근대역사학이 도입되자마자 지극히 짧은 기간에 확정적으로 정립될 수 있었던 것은 선입견에 바탕한 정치적 목적을 띠고 추진한 군부의 적극적 간여에 따른 결과였다. 이 점에 일본 근대역사학 특히 한국사와 연관된 역사학은 비극적인 출발을 한 셈이었다고 하겠다.

3) 정착의 과정

『일본서기』의 기년(紀年)논쟁

이처럼 제국주의 침략과 결탁한 일본 근대역사학은 근본적인 문제를 안고서 출발하였지만 그렇다고 사료 비판에 대한 근본 의식이 전무한 상태는 아니었다. 가령 쓰다 소키찌(津田左右吉, 1873-1961)나 이께우찌 히로시(池內宏, 1878-1952) 같은 인물은 철저한 문헌고증의 입장을 추구하여 『일본서기』 초기 기사에 대해 그대로 다 받아들일 수는 없다고 일갈하였다. 대체로 10대 천황인 숭신기(崇神紀) 이전의 기사는 일단 전혀 믿을 수 없는 것으로 간주하고 그 이후의 것에 대해서도 반전설·반역사적 기사이므로 사료비판이 필요함을 역설하였다. 물론 일본사에 대한 사료비판의 입장이 그리 철저한 것은 아니었다. 문제의 신공기 49년조의 기사만은 『일본서기』의 찬자가 6세기 전반의 임나 관계 사실에 의거하여 대대적으로 그 기원 설화로서 만들어낸 허구일 것으로 인식하여 일단 수정론(修正論)의 입장을 취하였다. 그렇다고 그들이 임나일본부의 존재를 전적으로 부정한 것은 아니었다. 그들의 눈으로 보기에도 5세기 이전의 『일본서기』 초기 기록은 너무나도 설화적·허구적인 내용으로 가득 차 있었으므로 문헌고증의 입장에서 그대로를 역사적 사실로 받아들이기가 곤란하였던 터이다. 그렇지만 『삼국사기』 등 한국 측 사서들을 대상으로 행한 비판의 수준에는 전혀 미치지 못할 정도로 한계가 뚜렷하였다. 다만 조그마한 비판도 거의 용납되지 않았던 당시 실정을 감안하면 그나마도 대단한 용기였고 그것이 장차 일본 근대역사학의 어떤 가능성을 시사하여 주는 성과였다고 평가된다.

그와 관련하여 각별히 주목해 보아야 할 사항은 『일본서기』초기 기사의 기년(紀年) 문제를 둘러싸고 벌어진 당시의 논쟁이다. 지금은 대체로 5세기 중엽 웅략기(雄略紀) 이전의 기록은 120년을 인하하여야만 비로소 실제의 기년과 맞아떨어진다는 사실이 정설로 굳어져 있지만 1880년대 당시에는 분위기상 그에 대한 어떤 수정은 물론이고 약간의 비판조차 용납되지가 않았다. 그런데 1883년 광개토왕비문이 전격 입수되어 연구가 본격적으로 진행되자 그 기년이 커다란 문제로 떠올랐다. 거기에 보이는 사실을 애초에는 『일본서기』의 기년에 끼워 맞추려고 시도하여 신묘년을 271년으로 추정하는 정말 웃기는 잘못을 저지르기도 하였다. 당시의 입장과 수준 및 정치적 의도성을 여실히 보여 주는 대목이라 하겠다.

처음 참모본부의 명령으로 비문의 해독과 연구에 착수한 해군성 소속의 아오에 히데오(靑江秀, 1834-1890)는 『일본서기』의 기년을 조정하는데 조선 초기에 편찬된 『동국통감(東國通鑑)』을 주로 활용하였다. 이런 작업을 통하여 그가 느꼈던 것은 조선의 역사서가 신용해 볼 만한 책이라는 점이었다. 그런 배경 아래에서 1888년 소위 기년논쟁이 일어나게 되었다. 당시 유력한 동양사 연구자였던 나가 미치요(那珂通世, 1851-1908)는 역사학자 미야께 요네기찌(三宅米吉, 1860-1929)의 의뢰를 받아 그가 주관한 잡지인 『문(文)』에다가 「일본상대연대고(日本上代年代考)」란 글을 발표하였다. 이 글은 원래 1878년에 한문으로 쓰여져 『양양사담(洋洋社談)』이란 잡지에 발표된 것이었다. 그러나 당시 별로 주목을 받지 못하다가 광개토왕비문의 출현으로 기년 문제가 다시 일어나자 일본어로 재정리하여 발표되었다. 이 글에서 나가는 『일본서기』의 초기 기년에는 모순점이 너무 많고 천황의 연령이나 재위 기간이 실제보다 꽤 연장되어 있으며 따라서 초대 신무(神武) 천황의 신유년(辛酉年) 즉위는 중국의 신유혁명설에 근거하여 스이꼬(推古) 9년(601)의 신유년으로부터 21원(元) 즉 1260년 소급되어 만들어진 것이라 주장하였다. 따라서 고사(古史)의 기년은 사가(史家)의 망찬(妄撰)이라 하여 극력 비판하고 나아가 신공(神功)과 응신(應神)의 연대는 한사(韓史)로 입증될 수 있다고 논단하여 2주갑(周甲), 즉 120년을 내려 잡아야 비로소 실제 연대와 맞는다고 주창하여 소위 과학적인 기년론을 제시하였다. 그가 『고사기』와 『일본서기』 기년의 수정 기준으로 삼은 것은 『삼국사기』와 『동국통감』과 같은 한국의 여러 사서였다. 이를 받아들인 아베 고조(阿部弘藏)란 인물은 『일본서기』의 잘못을 지적하여 신공황후의 삼한 정벌을 전면적으로 부정하고 그 침공은 실제로는 북구주인(北九州人)의 조선 침입을 말하는 것이며 한국 역사서가 일본의 그것보다도 우수하므로 그를 배척해서는 안 된다는 파격적인 주장을 펼쳤다.

이에 대해 갓 출범한 제국대학 교수였던 호시노 히사시(星野恒, 1839-1917)를 비롯하여 줄곧 전통적 입장을 고수한 역사가들은 대부분 한사(韓史)를 존중해서 신공황후 관련 전승을 부정하는 것은 국사를 변란(變亂)하는 행위이며, 따라서 비애국자들이라고 맹렬히 비난하였다. 그 직후인 1889년 2월 제 1장에 만세일계(萬世一系)를 천명한 '대일본제국헌법'이 발포되고 이듬해인 1890년에는 국민의 교육을 충군애국에 둔 교육칙어(敎育勅語)가 공포되었거니와 『일본서기』는 이제 본격적으로 천황제 이데올로기로 기능하는 신성한 바이블로 승격되어 더 이상 기년이나 내용에 대한 비판은 용납되지 않았다. 간 마사도모(菅政友)는 1893년 발표한 「임나고」란 논문에서 『일본서기』의 기년에 손을 대지 못하도록 하기 위하여 광개토왕비문의 신묘년(辛卯年)을 2주갑 끌어올려 271년으로 설정하고 이를 응신년의 기사와 결부시키려는 시도를 감행하였다. 이는 일종의 의도적인 자료 조작으로서 국책에 충실하게 순응하려는 조치였던 셈이다. 당시 역사학이 정치의 시녀로 기능한 실상을 여실히 보여 준 사례라 하겠다.

이러한 초기 기년을 둘러싼 논란은 당시 『일본서기』를 천황의 가계사(家系史)로서 절대적으로 신성시하려는 분위기 속에서 사료비판(史料批判)이란 새로운 방법론이 수용되자 당연히 겪어야만 하였던 하나의 진통이었다. 사실 기년논쟁은 일본에서 근대역사학의 맹아가 싹트는 과정에서 때마침 발견된 광개토 왕비문을 통하여 얻어낸 또 다른 큰 성과였던 셈이다. 이후 논란을 거쳐 1910년대에는 마침내 알게 모르게 기년 수정론이 거의 통설로서 정착하기 시작하였고 특히 1945년 패전 이후에 이르러서는 거의 움직일 수 없는 정설로 굳어지게 되었다.

요컨대 『일본서기』를 중심으로 하는 기년논쟁을 통하여 한 국사서가 지닌 우수성이 뚜렷하게 드러났음에도 불구하고 거기에 임나일본부설과 관련한 어떤 편린도 보이지 않는다고 도외시하였다. 오히려 기년논쟁의 실마리를 제공한 광개토왕비를 토대로 문제를 많이 안고 있는 『일본서기』에 비중을 크게 두어 임나일본부설을 강력하게 주장하였다. 이는 일종의 모순적 행위로서 근대역사학의 입장에서 너무나도 아이러니컬하기 이를 데 없는 일이었다.

광개토왕비문과 학설의 정착

일본 군부가 중추적 역할을 다하면서 대륙 진출의 명분을 역사 속에서 찾아 『일본서기』에 근거한 임나일본부설 정리 작업을 본격적으로 추진해 갈 즈음에 새로운 금석문 자료로서 장차 그 향방을 결정할 광개토왕비문의 존재가 알려졌다. 앞서 언급하였던 것처럼 중국 방면에 정보 수집 활동의 임무를 띠고서 밀정으로 파견된 참모본부 소속의 육군 포병중위 사꼬오 가께아끼(酒勾景信)가 길림성 집안 지역에 잠입하였다가 이

비의 존재를 알고서 1883년 가을 무렵 그 탁본을 확보하여 귀국하였다. 이로써 비문은 처음으로 일본에 알려졌다. 광개토왕비는 1870년대 후반에 집안지역으로 사민되어 농경지 개발 작업에 종사하던 청나라의 농민에 의해 발견되어 북경에까지 즉시 그 존재가 알려진 상태였다.

당시 사꼬오는 133매의 전지로 이루어진 비문 탁본(정탁본이 아니라 쌍구가묵본이라 불리는 것으로서 비면의 매 글자마다 주변에 선을 먼저 쳐서 그 모양을 그려낸 다음 묵을 가하는 형식으로 작성된 탁본이다)과 함께 태왕릉(太王陵) 부근에서 수집한 명문이 새겨진 벽돌을 다수 갖고서 귀국하였다. 정보 수집을 위하여 파견된 밀정이 다른 활동을 걷어치우고 광개토왕비문을 가져온 행위에는 상당한 정치적 의미가 깃들어 있다. 거기에는 군사적 정보 수집과 관련한 내용이 포함되어 있어 원래의 파견 목적에 부합하였기 때문으로 짐작된다.

그런데 이 비문은 즉각 공개되지 않았으며, 참모본부 편찬과 주도 아래 먼저 비밀리에 해독 작업을 진행하였다. 이로 말미암아 뒤에서 언급하듯이 비문에 대한 의도적인 조작이 이때 행해졌다는 의혹을 크게 불러 일으켰다. 사실 군부가 주도하여 저명한 한학자(漢學者)나 역사학자가 다수 동원되어 비공개로 해독 작업을 수행하였다는 것은 그것이 차지하는 비중의 정도와 목적을 뚜렷이 암시해 준다. 처음에는 133매에 달하는 탁본 조각을 제대로 맞추지 못하여 큰 혼선이 빚어졌고 마침내는 1888년 그를 갖고 온 밀정 사꼬오까지 직접 출석시켜서 해독 작업을 매듭지었다고 한다. 그 결과가 1889년 6월 출간된 아세아협회 간행의 『회여록(會餘錄)』 6집에 요코이 츄쿄구(橫井忠直)의 이름으로 소개되면서 비문은 비로소 세상에 공개된 셈이 되었다. 그는 이미 「임나고(任那考)」와 「임나지명고(任那地名考)」란 임나일본부 관련 논문을 작성한 바 있으므로 비문도 자연스레 그와 결부지어 소개되었음은 물론이다.

비문이 이처럼 참모본부의 관심을 크게 끈 것은 거기에 왜의 활동이 여러 차례에 걸쳐 보일 뿐만 아니라 특히 당시 『일본서기』만으로 주장되던 임나일본부설이 해석 여하에 따라 그를 확실히 입증할 만한 내용이 담겨져 있었기 때문이다. 그것이 이른바 31자에 달하는 신묘년(辛卯年) 기사와 그를 부분적으로 보완하여 주는 '안라인수병(安羅人戌兵)'이란 문구였다. 이 둘은 임나일본부설의 실재를 결정적으로 증명하여 주는 유력한 근거로서 이용되었다. 이후 광개토왕비문에 대한 연구는 신묘년 기사를 핵심적 축으로 이루어졌고, 그 결과 임나일본부설은 확연하게 움직일 수 없는 사실로 자리 잡아 갔다. 광개토왕비문에는 그 외에 4~5세기 고구려의 전반적 사정을 보여 주는 수많은 정보가 담겨져 있음에도 불구하고 오로지 임나일본부와 관련한 공방전에만 연구가 치중됨으로써 오래도록 기형적인 형태로 진행되었다고 하여도 과언이 아니다.

4면에 글자가 새겨진 이 비문은 크게 세 단락으로 구성되어 있다. 첫째 단락은 고구려의 건국신화와 함께 시조 추모(鄒牟, 곧 朱蒙의 다른 표기임)를 비롯한 광개토왕의 조상세계(祖上世系)가 간략하게 기록되어 있어 일종의 서문에 해당한다고 풀이된다. 둘째 단락은 광개토왕의 즉위부터 그의 활동이 종합적으로 기재된 부분과 재위 21년 동안 군사 활동을 통해 일구어낸 훈적(勳績)이 편년체 형식으로 기술된 두 부분으로 구성되며 이것이 본문의 성격을 띤 것으로 짐작된다. 이 단락에는 광개토왕의 나이와 생몰 시점, 영락(永樂)이란 연호의 사용, 정식 시호(謚號)가 국강상광개토경평안호태왕(國岡上廣開土境平安好太王)이란 사실 등 개인에 대한 여러 유익한 정보가 들어 있다. 셋째 단락은 광개토왕의 유언과 그에 입각한 수묘연호(守墓烟戶)의 편성 부분으로서 일종의 결론 형식을 띠고 있다. 비문은 전체 44행 1775자로 추정되며 그 가운데 오래도록 논란 되어온 것은 문제의 신묘년 기사가 기재된 둘째 단락이다. 처음 소개된 뒤 일본학계에서는 판독 자체가 불가능한 글자에 대해서 약간의 이견이 없지는 않으나 대체로 다음과 같이 읽고 있다.

百殘新羅舊是屬民由來朝貢而倭以辛卯年來渡海破百殘△△△羅
以爲臣民

　이 구절을 둘러싸고 기왕에 일본학계는 흔히 '백제와 신라
는 본래 속민으로서 조공하여 왔다. 그런데 왜가 신묘년에 바
다를 건너 백제, △△, 신라를 쳐서 신민으로 삼았다'는 정도
로 풀이하였다. 판독이 불가능한 세 글자 가운데 마지막을 신
(新)으로 읽는 것이 일반적이며, 그 앞의 두 글자는 임나로 추
정되고 있다. 백잔(百殘)은 고구려가 자신과 치열한 경쟁 상대
였던 백제를 대상으로 강한 적개심을 드러내는 멸칭(蔑稱)으로
풀이하고 있는 것이다.

　이상의 해석을 통하여 비문이 곧 『일본서기』에 보이는 임나
일본부설을 확실히 입증하여 주는 결정적 자료라 간주되었다.
신묘년의 연대를 초기에는 『일본서기』의 기년에 억지로 끼워
맞추기 위하여 271년 혹은 331년으로 보기도 하였으나 현재는
대체로 391년이 움직일 수 없는 정설로 굳어져 있으며 『삼국
사기』가 그를 보증하고 있다. 이 해는 바로 18세의 젊은 나이
로 왕위에 오른 광개토왕의 즉위년으로서 전체적으로 그와 관
련되는 상징성을 내포하고 있는 시점이기도 하다. 사실 엄밀
하게 기년을 따지고 든다면 비문의 내용은 『일본서기』가 보여
주는 그것과는 전혀 일치하지 않는다. 지금에는 5세기 이전 이
른바 『일본서기』의 초기 기록을 인정하지 않으려는 것이 대세

임에도 불구하고 4세기 후반에서 5세기 초에 걸쳐 왜가 활동한 것을 근거로 그 이전 일본 기내(畿內) 지역 중심으로 존재한 야마도(大和)정권이 한반도에 진출해 있었던 것은 의심할 나위가 없는 사실이라 주장한 것이다. 그에 따라 비문에 보이는 '안라인수병'도 자연히 지금의 함안(咸安)에 위치한 안라국 출신으로 이루어져 왜의 지시를 받는 별동대(別動隊) 또는 용병(傭兵)으로 해석하였다.

이후 신묘년 기사를 다룬 논문들이 다수 발표되었지만 기실은 기존의 주장을 전적으로 되풀이하거나 보완하는 정도의 수준에 머물렀다. 따라서 비문이 알려진 뒤 얼마 지나지 않아 어느 사이에 연구 자체가 마치 전적으로 종결된 듯이 인식되기도 하였다. 위의 해석을 액면 그대로 받아들이더라도 다른 기사들과는 달리 신묘년 기사는 정식의 편년체적 기사가 아니라는 데에서 내용을 액면 그대로 인정하기는 곤란하다. 신묘년조는 바로 뒤이어진 '이병신년왕궁솔수군토벌잔국(以丙申年王躬率水軍討伐殘國, '병신년에 왕이 몸소 수군을 거느리고 백제를 토벌하였다'라는 뜻임)'이란 정식 편년 기사의 전제문(前提文), 혹은 전치문(前置文)에 해당하는 것으로서 확실히 독자적 성격의 기사는 아니다. 그래서 고구려가 병력을 동원하기 위해 자신들 중심으로 내세운 막연한 명분에 지나지 않는 것으로 풀이되고 있는 것이다. 따라서 거기에는 광개토왕의 업적을 크게 과시하려고 왜의 활동을 지나치게 과장한 면이 깃들어 있다고 하겠다. 그 자체 독립된 기사가 아님이 명백한 데도 이를 애써 무시한 점에 접근 방법상의 잘못이 내재되어 있는 것이다. 어떻든 신묘년 기사는 『일본서기』 신공기 49년조의 기사를 역사적 사실로 입증하여 주는 증거로 적극 활용됨으로써 임나일본부설은 움직일 수 없는 사실로 굳건히 뿌리내려져 가고 있었다.

칠지도를 이용한 보완

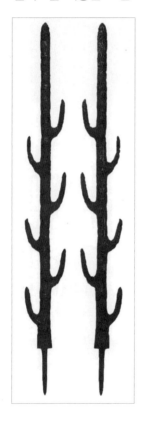

광개토왕비와 비슷한 시기에 출현하여 이후 임나일본부설을 보완하여 주는 또 다른 주요 자료로 활용된 것이 일본 나라현(奈良縣) 덴리시(天理市)에 소재한 이소노카미(石上) 신궁에 소장되어 있는 칠지도(七支刀)라 불리는 칼이다. 이 칼은 철판을 두드리는 방식의 단철(鍛鐵)로 만들어졌다. 길이는 74.9 센티미터이며 기본 몸통의 좌우에 서로 엇갈리게 세 개씩의 작은 가지가 달린 특이한 모양을 하고 있다. 그래서 처음 발견·소개되었을 때에는 칠지도라 부르지 않고 육지모(六支鉾) 또는 육차도(六叉刀) 등으로 불렸다. 칼날이 두 쪽에 모두 나 있으므로 엄밀하게는 도(刀)가 아니라 검(劍)이라고 불러야 마땅하다. 칼에는 앞면에는 34자, 뒷면에 27자 합계 61자의 예서에서 해서로 넘어가는 과도기의 글씨체로 쓰여 있다.

처음 이 칼을 발견한 사람은 이소노카미신궁의 대궁사(大宮司)란 직책에 있던 간 마사도(菅政友, 1824-1897)였다. 그는 1874년 무렵 칠지도에 겹게 덮여 있던 녹을 조그마한 칼로 제거하는 과정에서 금으로 상감(象嵌)된 글자의 존재를 확인하게 되었다. 사실 일개 관리가 당시 신보(神寶)로 여겨져 온 문화재를 손상시킬 만한 행위를 감히 어떻게 시도하였는지 잘 이해되지 않는 측면이 엿보인다. 이로 말미암아 재일동포 역사학자 이진희(李進熙, 1929-2012)에 의해 뒷날 의도적으로 불리한 문자를 고치기 위한 시도였다는 비판이 제기되기도 하였다.

칠지도를 처음 발견한 간 마사도모가 이를 칠지도라 부르지 않고 짐짓 모양을 근거로 육차도라 명명한 것으로 미루어 보면 애초에는 『일본서기』 신공기 52년조에 보이는 기사와 연관 지을 생각을 하지 않았던 듯하다. 그러다가 이 칼이 칠지도라는 정식 이름을 갖게 된 것은 1892년 제국대학 교수 호시노 히사시(星野恒)가 「칠지도고(七枝刀考)」란 논문을 발표하면서부터였다. 호시노가 이 칼의 명문에 보이는 대로 칠지도(七支刀)라 부르지 않고 굳이 『일본서기』에 보이는 칠지도(七枝刀)란 표현을 내세운 데에서 그 의도를 짐작할 수가 있다. 그와 바로 직결시켜서 이해하려는 생각에서였다.

약간의 논란이 없지는 않으나 이해의 편의상 지금까지 판독된 칠지도 명문을 원문 잠시 그대로 소개하면 다음과 같다.

(앞면) 泰和四年十一月十六日丙午正陽造百練銕七支刀出辟百兵
宜供供侯王△△△作
(뒷면) 先世以來未有此刀百濟王世子奇生聖音故爲倭王旨造傳示
後世

앞면은 대략 '태화 4년 11월 16일 병오일 한낮에 쇠를 백 번 두드려 칠지도를 만드니 백병을 물리칠 수 있으므로 후왕에게 공급한다'는 내용이고 뒷면은 '선세 이래로 이러한 칼이 없었는데 백제왕세자가 일부러 왜왕을 위하여 만들었으니 후세에 전하여 보이라'는 정도로 새겨진다. 물론 모호한 부분이 몇 군데 있으므로 약간 다르게 해석될 여지가 남아 있기는 하지만 전체적인 내용을 그렇게 파악하는 데는 큰 잘못은 없으리라 여겨진다.

칠지도가 소개될 당초부터 가장 크게 논란거리가 되었던 것은 앞면 첫머리의 태화란 연호였다. 첫 자는 별다른 이론이 없이 태(泰)로 읽혔다. 그런데 문제는 두 번째 글자였다. 처음에는 화(和)로 읽지 않고 시(始) 혹은 초(初)로 읽었다. 간 마사도모가 '시'로 읽은 것은 서진의 태시(泰始) 4년의 268년을 크게 의식하였기 때문이다. 한편 예서의 형태로 보아 '초'로 읽은 호시노는 태초가 바로 삼국 위(魏)나라 문제(文帝, 220-226)의 그것이라고 주장하였다. 그러나 문제 때에는 태초가 없고 황초(黃初)란 연호 뿐이었으므로 이는 분명히 선입견에 입각한 착각의 소치이다. 그는 한편 태초 4년이 경술(庚戌)년으로서 백제의 구수왕 17년, 신공기 30년에 해당한다고 하였는데 이때는 바로 위 명제(明帝, 227-239)의 태화(太和) 4년이므로 이 또한 명백한 잘못이다.

이처럼 칠지도의 연대를 확정하여 주는 결정적 단서인 연호의 판독과 비정에 혼동이 초래된 소이는 결국 120년 늦추어 수정되기 이전 본래의 『일본서기』의 연대관에 집착하여 그와 직결시키려고 기도한 탓이었다. 특히 이보다 약간 늦은 시점에서 기따 사다기찌(喜田貞吉, 1871-1939)는 태초가 올바르다고 생각하고 나아가 신공기 66년조 기사에 대해 보완적 설명을 위한 협주(夾註)로서 『기거주(起居注)』란 책이 인용된 부분에서 서진(西晉) 무제(武帝, 265-289)의 태시(泰始)란 연호를 태초(泰初)로 잘못 표기한 사례를 그대로 받아들여 양자는 원래 통용된다고 주장하였다. 이에 근거하여 칠지도의 연대를 태초 4년으로 보는 주장이 한동안 정설로 정착되었다. 이는 칠지도를 『일본서기』의 연대와 액면 그대로 결부시키기 위하여 얼마나 눈물겨운 노력을 기울였던 지를 보여 주는 웃기는 사례이다. 문제의 칠지도를 신공기 52년조에 가라 7국을 평정한 이후 백제왕이 왜왕에게 헌상하였다는 기사를 사실로서 받아들이기 위한 데에 집착한 결과였다. 그것은 곧 『일본서기』에 보이는 기록 그대로를 사실로 받아들여 임나일본부설이 역사적 실재라고 여기고자 하였기 때문이다.

사실 정작 중요한 문제는 연대와 함께 그 내용이다. 본문이라 할 뒷면의 내용은 당시 별로 크게 관심의 대상으로 삼지 않았다. 그것은 또 다른 문제점을 안고 있었기 때문이다. 후술하듯이 칠지도의 내용을 허심하게 풀이한다면 이 칼을 백제가 천황에게 헌상하였다는 주장은 결코 성립될 수가 없다. 거기에는 왜왕이란 존재가 백제의 제후쯤으로 인식된 후왕(侯王)에 지나지 않았을 뿐만 아니라 백제 왕세자와 왜왕이 차라리 동격으로 취급되는 모습이었기 때문이다. 그래서 내용이 중요함에도 그에 대해서는 별다른 관심을 기울이지 않고 의도적으로 외면한 채 『일본서기』에 보이는 헌상 기사와 굳이 연관시키는 데에만 초점을 두어 임나일본부설을 억지로 사실화시키려는 희극적인 일을 벌였던 것이다. 1950년대에 새로운 논의가 이루어지면서 그를 뛰어넘는 기발한 착상이 또 다시 등장한다. 그에 대해서는 다시 뒤에서 살펴보기로 하겠다.

고고학적 증거 찾기

임나일본부설의 골간은 이미 기정사실화되었으나 주로 설화적인 성격을 대단히 강하게 지닌 『일본서기』에 근거하였으므로 출발 당시부터 심히 불안한 상태였다. 그러던 차 비슷한 시기에 칠지도와 광개토왕비가 잇달아 출현하고 거기에 보이는 명문을 멋대로 해석함으로써 마침내 임나일본부설을 명백히 입증하여 주는 결정적인 증거로 활용하였다. 이제 남은 최종적 절차는 고고학적으로 명백한 증거를 찾아내는 일이었다. 만약 200년 동안 임나(가야)가 천황의 직할지로 다스려졌다면 거기에는 그를 뚜렷이 물증(物證)할 만한 어떤 확실한 흔적이 찾아져야 마땅하다. 그래서 그를 밝히기 위한 데에 엄청난 인력과 재정을 상당한 기간 투여하였다. 이는 임나일본부설이 『일본서기』나 금석문의 자의적 해석만으로는 심히 불안하였고 따라서 고고학적으로 입증되지 않으면 안 되었던 사정을 잘 반영하여 주는 일이다.

일본의 주도 아래 한반도에 대한 고고학적 조사가 처음으로 실시된 것은 1902년이었다. 당시 고건축 분야의 전문가인 세끼노 다다시(關野貞, 1868-1935)는 바로 이 해에 자신이 교수로서 재직하던 동경제국대학 당국의 명령을 받고 한국에 출장하여 고건축에 대한 조사를 시작하였다. 그가 자신의 전문 영역인 고건축을 중심으로 조사하였다고는 하나 활동 범위는 대단히 넓어 역사적인 유적과 유물 전반에까지 미치었다. 그 결과 보고서는 이듬해인 1903년 『한국건축조사보고』란 이름으로 간행되었다. 한국과 관련한 최초의 공식 보고서였던 셈이다. 뒷날 그의 사후인 1941년 간행된 『조선의 건축과 예술』의 첫 삽은 바로 여기에 있었던 것이다. 1926년 경성제국대학(京城帝國大學)이 창설되었을 때 교수로 부임한 한국사 전공의 이마니시 류(今西龍, 1875-1932)가 1905년 경주 일대를 여행하고 고분 조사를 실시하면서 김해에 잠시 들렀다가 저 유명한 김해 패총을 발견하였다. 경주나 김해가 당시 제일차적 조사 대상지로 떠올랐던 사실은 아마도 그들의 초기 관심사가 어디에 있었던가를 엿보기에 충분하다.

이미 조선왕조의 국운이 크게 기울었던 통감부 시절인 1909년에 탁지부 차관으로서 재정을 맡았던 아라이 겐타로(荒井賢太郎, 1863-1938)는 세끼노에게 조선 전역에 걸치는 사적(史蹟) 조사사업을 의뢰하였다. 이에 세끼노는 동경제국대학 출신의 야츠이 세이찌(谷井濟一, 1880-1959) 등을 보조자로 삼아 본격적인 작업에 착수하였으며 바로 뒤이어 이마니시도 거기에 동참하였다. 1914년을 기점으로 이 작업은 일단락되었다. 그 결과는 1915년 이후 계속하여 간행된 『조선고적도보(朝鮮古蹟圖譜)』로 정리되었다. 이를 두고 경도(京都)대학 교수로 재직한 바 있던 우메하라 스에지(梅原末治, 1893-1983)는 1972년 출간한 『조선 고대의 문화』란 책에서 당시의 한반도 문화를 증명하는 주요한 것의 태반은 이 사이에 알려진 것으로서 동아시아 연구에 크게 기여하여 세계 동양학계의 이목을 끈 뛰어난 업적이라 평가하였다. 그러나 그 결과는 그럴지 어떨지 몰라도 원래의 추진 목적은 다른 데에 있었다. 대동강 유역에서는 낙랑 유적을,

낙동강 연안을 대상으로 해서는 임나일본부설을 입증할 만한 물증을 확보하려는 데에 초점을 맞추어 두었던 것이다. 아무도 그 점을 진솔하게 드러내지는 않았으며 바닥에 숨기고 있었다. 그 점은 뒷날 이 방면에 대한 조사가 특별히 한층 더 중점적으로 계속 추진된 데서 드러난다.

1916년에는 조선총독부에서 '고적 및 유물 보존 규칙'과 함께 '조선고적조사위원회규정'이 공포되고 그에 따라 즉각 조선고적조사위원회가 설치되었다. 이후 1945년에 이르기까지 30년 간 곡절을 겪으면서도 이 위원회나 그 후신의 조직이 고적 조사의 중추적인 역할을 주로 담당하였다. 여기에서는 전체 지역을 나누어 역할을 분담하고 체계적인 조사를 실시하려 하였다. 그 결과를 놓고 보면 대체로 중점적 조사 대상은 고분이고 주된 대상 지역은 낙동강의 신라·가야 지역과 대동강 유역 일대였다. 1917년 이후는 특히 이들 거점 지역에 대한 조사가 집중적으로 이루어졌다. 그 사업의 일환으로 1917년 일본고문서를 전문적으로 다루던 역사학자 구로이다 가츠미(黑板勝美, 1874-1946)가 대가야의 중심지 고령(高靈)과 금관가야가 소재한 김해에 대한 고분 조사를 실시한 사실은 매우 의미심장하다. 그 목적이 어디에 있었는가를 대충이나마 짐작게 하기 때문이다. 김해는 1905년 패총 발견에서 알 수 있듯이 초기부터 큰 관심의 대상지였고 또 고령의 고분도 1910년 세끼노가 이미 조사한 바가 있었다. 한반도 유적을 조사하면서 가장 이른 시기에 김해와 고령 등 가야 여러 세력의 정치적 중심지를 주된 대상으로 삼았다는 자체는 그 궁극적 목표가 어디에 있었던가를 여실히 보여 준다. 바로 이 시기가 이미 임나일본부설이 문헌상으로 확정되었던 때였다는 사실을 고려하면 그 점은 더욱 명백해진다.

역시 같은 해인 1917년 이마니시는 선산·달성·고령·성주·김천·함안·창녕 등 경남북 일대를 조사하였는데 이들 지역이 대체로 가야의 거점 지역임을 고려하면 역시 구로이다의 조사와 맥락을 같이함을 짐작할 수 있다. 특히 이때 아라가야의 소재지인 함안에서 제일 큰 고분인 말산리 34호분에서 출토된 녹각제(鹿角製)의 도검 장식에 보이는 직호문(直弧文)을 일본 열도의 사례와 직결시켜서 유독 이것만을 특별하게 취급하였던 데에서 어떤 숨은 저의가 쉬이 느껴진다. 1918년에서 1919년 두 해에 걸쳐서 인류학자인 도리이 류조(鳥居龍藏, 1870-1953)가 신라와 가야 지역 가운데 주로 이마니시의 직전 조사에서 제외된 곳을 대상으로 석기 유적지와 고분에 대한 조사를 시행한 바 있다. 유명한 고고학자로서 뒷날 경도대 총장을 역임한 하마다 고사쿠(浜田耕作, 1881-1938)는 5년 동안 유럽에 유학하고 돌아온 뒤 1918년에는 우메하라 스에지를 조수로 거느리고 경상도와 충청도의 조사에 나섰는데 특히 가야의 중심지인 고령·성주·창녕에서 여러 개의 고분을 조사하였다. 한편 동양고고학을 전공하여 동경제대에서 고고학 강좌를 담당한 하라다 요시ㅼ(原田淑人, 1885-1974)도 같은 해에 경주·경산·청도·김천·상주·양산·동래 등의 유적을 조사하였다. 1920년에는 하마다와 하라다가 함께 김해패총을 정식 발굴하였다. 1918년에서 1920년에 걸쳐서는 전남 나주의 반남 지역에서 수백 기의 옹관고분을 발굴한 경험이 있는 야츠이 세이치가 고령·성주·김해·함안·창녕의 고분 조사에 착수하였다. 수많은 발굴 경험과 함께 그 사진을 찍기도 하였던 야츠이가 낙동강 유역을 조사하던 도중 갑작스레 가업을 계승하기 위하여 귀국함으로써 작업이 제대로 이어지지는 못하였다.

  이후에도 약간의 조사가 더 진행되기는 하였지만 사실 1920년을 정점으로 가야 제국의 옛 땅을 대상으로 한 고적 조사와 발굴 작업은 거의 일단락된 셈이었다. 여기에는 새로운 학문 분야를 섭취하러 선진국에 유학하거나 아니면 현장을 누비고 다닌 조사 경험이 많은 여러 세부 분야의 제일급 전문가들이 동원되었지만 그 결과는 자신들이 애초에 설정한 목표와는 달리 별로 신통한 효과를 거두지 못한 사정도 일정한 요인으로 작용하였다. 대동강 유역에서는 1909년 이후 낙랑의 치소(治所)였던 토성(土城)이나 인근의 고분 발굴 및 그에 대한 연구를 통하여 그 실상이 어느 정도 구체적으로 확인된 것과는 극히 대조적인 면모였다. 고고학적으로는 임나일본부설에 대한 입증은 더 이상 불가능하였던 셈이다. 그 점은 가야 지역 조사 작업에 동참한 하마다 고사꾸가 1921년 발표한 「조선의 고적조사」(『민족과 역사』 6-1)란 글에서 '지금 갑작스럽게 단언할 수는 없지만 저 임나라는 것이 일본의 식민지였다고 보는 선입견은 이제 버리지 않으면 안 된다고 생각한다'고 솔직하게 실토하였다. 이는 조사가 가장 활발히 진행된 대정(大正, 1912~1925) 연간의 목표가 어디에 있었던지 또 그 결과가 어떠하였는지를 극명하게 보여 주는 표현이라 하겠다. 명치(明治, 1868~1911) 연간에 사실상 정리가 끝난 문헌상의 연구 성과를 토대로 하여 이제 고고학적으로 증명해 내려는 데에 노력을 크게 기울였으나 결국 무위로 돌아가고 말았던 것이다.

1959년 고고학을 전공한 도지사(同志社)대학 교수 모리 고이찌(森浩一, 1928~)는 로마의 영국 출병과 일본의 한국 출병설(出兵說)을 비교한 다음 '전자는 문헌이 없다고 하더라도 허다한 유구나 유물을 통하여 명백히 알 수가 있었다'고 갈파한 사실은 너무나도 시사적이다. 만일 한반도에 군사적 출병을 하였다면 전사자의 무덤이나 제사 유적, 주둔지나 거주지로서의 성(城)에 상당하는 것 등등이 당연히 남아 있어야 하는 데 그것이 없다는 것이다. 그에 비하면 거꾸로 당시 일본열도 내에서는 한반도 계통의 문물을 여기저기에서 얼마든지 찾아진다고 한다. 이는 과연 무엇을 말하는가. 실상은 과연 어떠하였는가. 문헌을 전혀 고려하지 않으면 고고학적으로만 보면 차라리 일본열도가 한반도 계통 국가의 식민지였다고 단정하여도 무방할지 모른다. 후술할 분국론이 나온 것도 바로 그런 배경 때문이었다.

4) 패전 이후의 보강

『임나흥망사』의 간행과 영향

앞서 언급한 것처럼 임나일본부설은 명치 시대에 이미 기본
적인 틀이 잡혀졌고 뒤이은 대정 연간에는 고고학적으로 그를
보완하여 틀림없는 사실로 굳히려는 부단한 노력이 기울여졌
다. 그러나 시간이 흐르면서 고고학적으로는 전혀 성립 불가
능함이 판명되었다. 그럼에도 각종 교과서에서는 여전히 임나
일본부설이 신공황후의 삼한 정벌론과 함께 변함없는 두 개의
큰 축을 이루어 식민지배의 이데올로기로 활용되고 있었다.
이 둘은 오로지 『일본서기』의 설화적인 기사에만 의거한 것이
어서 패전 이후 이른바 황국사관이 붕괴될 상황을 맞자 더 이
상 존립이 어려워져 저절로 소멸될 운명에 직면하였다. 식민
주의사학을 지탱한 큰 지주의 하나였던 일본과 조선의 뿌리는
원래부터 하나였다는 일선동조론(日鮮同祖論) 또는 일한일역론(日
韓一域論)과 함께 신공황후의 삼한 정벌론도 그야말로 하루아침
에 안개처럼 사라져 버린 상태였다.

사실 1945년 미 점령 당국에 의해 일본 천황이 인간화 선언
을 한 마당에 기존의 현인신(現人神)적 인식에 바탕한 황국사관
은 더 이상 존속할 수 있는 상황이 아니었다. 그래서 일본의
역사교과서에서도 황국사관적 요소는 하나하나씩 씻겨져 갔
다. 건국신화와 관련된 일부 내용을 제외하고는 신격화되어

있던 천황의 역사적 위상을 격하시키는 작업이 추진되었다. 전반적으로 자유로운 분위기가 차츰 무르익어 가면서 그런 불합리하고 터무니없는 내용들은 차츰 사라지기 시작하였던 것이다. 허구적인 사실을 만들어내어 얼마나 정치적으로 악용하려 하였는지를 단적으로 보여 주는 사례이다.

그런 가운데서도 유독 임나일본부설만은 여전히 건재하였다. 아니 그 전보다 오히려 한층 더 강화되는 과정을 거쳤다고 하여야 좋을 것 같다. 과학적인 엄밀성과 근거가 대단히 박약하였음에도 불구하고 주장이 그대로 이어진 것이었다. 어쩌면 훨씬 더 체계적이며 새로이 단장한 모습으로 등장하였다. 그래서 해방 이후 일본의 중등학교 역사교과서에는 이것만은 의심 없는 사실로 받아들여져 계속적으로 실렸다. 고고학적으로는 증명 불가능함이 여실히 드러난 마당이므로 한편 이제는 달리 문헌 연구를 한층 더 정치하게 진행하기도 하고 다른 한편으로는 새로운 연구 방법론에 입각하여 그를 입증하는 데에 매진하였다.

패전 이후 새로이 임나일본부설의 체계화에 가장 앞장 선 인물은 1935년부터 1945년 패망할 때까지 10년 동안 경성제대 교수를 역임한 바 있던 한국고대사 전공자 쓰에마츠 야쓰카쯔(末松保和, 1904-1992)였다. 그는 원래 신라사를 주된 연구 분야로 하였으며 철저하게 문헌고증을 추구하는 역사가로 손꼽힌다. 그런 그가 1949년 『임나흥망사(任那興亡史)』란 단행본을 간행하였던 것이다. 이 저서는 해방 이후 임나일본부설을 건재하게 하는데 크게 기여한 중심적 연구였다고 평가된다. 사실 이 책은 그리 짧은 시간에 쓰여진 것은 아니었다. 1933년 이와나미 강좌(岩波講座)의 『일본역사』 제 1편 가운데 「일한관계(日韓關係)」란 제목으로 쓴 자신의 글에서 이미 기본적인 틀은 잡혀져 있었다. 저자 스스로가 밝힌 바에 의하면 그 뒤 1944년 경성제국대학에서 병약하여 전장에 끌려가지 못한 몇몇 학생들을 대상으로 진행한 임나 관련 강의를 통하여 골격은 상당히 구체화되었다. 전쟁이 한창 치열해지던 시점에서 굳이 강의 주제로서 임나의 흥망사를 선정한 것은 의미심장하다는 느낌이 든다.

아마도 본서의 골간은 앞서 조선총독부 조선사편수회의 수사관보(修史官補)로서 이마니시의 지도 아래 『조선사』 편찬에 참여한 데에서 비롯된 것으로 보인다. 따라서 그 내용은 자신들의 선배들이 주장한 것과 근본적으로 달라진 면모는 아니었다고 하겠다. 쓰에마츠 자신이 직접 실토하고 있듯이 이미 1893년 간행된 간 마사도모의 저서 『임나고』의 영향을 많이 받았다. 그는 간 마사도모가 임나의 성립과 멸망을 『일본서기』에 따라 369년부터 임나조(任那調)가 완전히 없어지는 645년까지를 총체적으로 다룬 데에 대해 서술 방식으로는 결정적이라고 평가하면서 자신도 당연히 그에 따랐다고 고백하였다. 다만 간 마사도모는 『일본서기』의 기사 가운데 부정적인 것에 대한 비판을 철저히 실시하지 못하였고 그 까닭으로 내용상

탁견이라고 할 만한 것이 있음에도 불구하고 전후 사리에 어긋나는 것이 너무 많아 '고증(考證)이 미숙하였다'고 지적하였다. 그리고는 쓰다 소우기찌의 방법론에 따라서 철저한 문헌 고증을 표방하겠다고 한 것으로 보아 이제야 비로소 근대역사학의 방식에 제대로 충실하려는 입장을 취하였던 셈이다. 그 이전에는 논리와 고증이 극히 미숙하고 또 미흡하였음에도 정치적 목적에 의도적으로 부합시키기 위하여 임나일본부설이 주창되었음을 자인한 꼴이었다.

그러나 『임나흥망사』는 상세(詳細) 여하의 차이는 있으나 그 기본 골간은 사실상 간 마사도모의 수준에 더 나아가지 못한 채 거의 그대로 머문 상태였다. 『일본서기』에 보이는 임나 4현(縣)을 비롯한 몇몇 주요 지명에 대해 나름의 구체적 고증을 가한 것 외에는 더 이상 진전된 내용은 보잘것없다고 하여도 과언이 아니다. 그럼에도 이를 정설로 받아들였다. 간 마사도모를 위시한 앞서의 주장이 고증에 서툰 나머지 너무도 많은 문제점을 안고 있었음에도 그러하였다.

쓰에마츠가 지명 비정과 함께 가장 심혈을 기울였던 분야는 『일본서기』의 기년 조정이라 하겠다. 이미 언급하였듯이 간 마사도모는 『일본서기』의 기년을 그대로 믿었는데 그 점에서 보면 사실상 실패작이었다. 쓰에마츠는 『삼국사기』에 보이는 가야 사료가 불비(不備)하므로 그것으로는 현재적 목표로 삼은 임나 역사의 기반을 잡을 수 없다고 비판하고 나아가 대신 백제본기의 기년을 표준으로 하면『일본서기』의 한반도 관계 기사의 대부분은 실연대로 정리가 가능하다고 주장하였다. 그러면서도 그가『삼국사기』백제본기의 초기 기사를 적극 부정한 것은 커다란 아이러니라 하겠다. 요컨대 쓰에마츠는 기년 조정과 지명 비정에 큰 중점을 두고서『일본서기』의 내용을 그대로 받아들여 임나의 소장성쇠를 정리한 것이었다.

사실 앞서 누차 언급한 것처럼 임나일본부설은『일본서기』가 근간이었다. 그를 증명하기 위한 결정적 자료를 찾아내기 위하여 고적조사와 발굴 작업을 아울러 추진하였다. 스에마츠는 그 과정에 대해 개관하면서 "계획과 실시에 만전을 기하였다고 하기는 어렵지만 가야 제국의 역사와 문화를 물건으로 밝히게 된 것은 뚜렷한 공헌이다. 그 가운데 조사의 주요한 대상이 된 가야의 묘제가 부분적으로는 나라마다 약간의 차이가 있으나 전체적으로는 신라와 통하고 또 바다 건너 일본의 그것에도 통하는 바가 많아 중국문화가 일본으로 들어가기 직전의 모습을 나타내고 또 일본문화의 반도에로의 진출 흔적을 확실히 한 것은 가장 주목해 볼 만한 것이라"고 주장하였는데 이 결론이 어떤 자료와 근거에서 도출된 것인지는 잘 알지 못하겠다. 어느 것도 그 때까지의 발굴을 통하여 임나일본부의 흔적을 보여 줄 어떠한 실마리도 찾아지지 않았건만 어물쩡하게 '일본문화의 반도에로의 진출' 운운하여 별다른 성과가 없었다는 사실을 애써 외면하려는 입장을 취하였던 것이다.

　사실 문헌 분석에 철저하였다고는 하나 거기에 또한 문제가 없는 것도 아니다. 신공기 기사 가운데 46년조부터 52년조까지를 일련의 사건으로 보고 49년조가 핵심임을 지적하면서 이 사료는 백제 사료에 근거하고 있으므로 백제를 통해 윤색된 부분을 제거하면 반쯤은 사실이며, 일본에 의해 더해진 윤색도 배제되어야 한다고 주장하였다. 그러면서 369년 출병은 획기적인 대규모로 행해졌는데, 그 목적은 신라를 복속시키기보다는 그에 의해 병합되지 않은 가야 제국을 일본에 귀의(歸依)시키고 신라의 발전을 현상에서 그치게 하는 데에 있다고 논단하였다. 사실 그런 인식에 입각하여 신라의 영역을 대폭 축소함으로써 신라와 임나의 경계를 경북 자인(慈仁)과 밀양강(密陽江)을 잇는 선으로 획정하였다. 그는 임나일본부의 존재를 통하여 일본의 가야 영역에 대한 지배와 함께 신라의 영역 및 발전을 늦추어 보는 이중적인 효과를 달성하려고 애썼던 것이다.

　신묘년 기사에 대해서는 그 자체 독립된 사실을 기록한 것이 아니라 뒤이어지는 병신년(丙申年)기사의 전치문(前置文)이라고 본 점이 주목된다. 이는 후술하듯 탁견이라 칭할 만하지만 실제 의도는 신묘년 기사 자체의 문제를 지적하려는 데 있지 않고 오히려 『일본서기』를 사실로서 인식하려는 데에 있었다. 이는 문제였다. 한편 '안라인수병(安羅人戍兵)'을 안라인으로 구성된 일본군의 별동대로 해석하여 그 이면에는 일본의 본격적인 무력 장치가 가야 지역에 있었음을 증명하는 것으로 풀이하였다.

요컨대 『임나흥망사』는 오랜 탐사를 통하여 고고학적인 근거가 단 한 점도 출현하지 않은 상태였음에도 불구하고 그를 애써 무시한 채 기존의 선입견에 바탕하여 철저한 문헌고증이라는 이름을 내걸고 입증하려 한 데에 불과하였다. 고증의 수준만은 그 전보다 크게 향상되었음이 틀림없지만 그 근본 사항이 전과 달라진 점은 아무것도 없었다. 그럼에도 일본 고대사학계에서는 이를 정설로 굳게 받아들인 바탕 위에 한 걸음 더 나아가 식민지를 매개로 한반도로부터 선진문물과 기술노예를 지속적으로 확보함으로써 일본은 비로소 고대국가로 발돋움하게 된다고 주장하였던 것이다. 당시 그것이 정설로 굳어지게 된 배경에는 또 다른 측면에서의 은근한 지원이 있었기 때문이다. 그것이 바로 패전 이후 나오자마자 급속히 확산된 기마민족정복왕조설이었다.

기마민족정복왕조설

태평양전쟁 패전의 참담한 기운이 채 가시기도 전 일본 역사학계에는 전혀 예상하지 못한 충격적인 소식을 접하였다. 그것은 동경대학 교수였던 고고학자 에가미 나미오(江上波夫, 1906-2002)의 이른바 기마민족정복왕조설(騎馬民族征服王朝說, 이하 기마민족설이라고 약칭함)의 주장이었다. 이 가설은 1943년 문부성 직할의 민족연구소 창립에 주도적 역할을 담당한 민족학자(民

오까 마사오(岡正雄)란 인물의 제안으로 그를 비롯한 4인 의 고고학자와 민족학자가 참여하여 1948년 5월 4일에서 6일 까지 3일 동안 동경의 한 찻집에서 진행한 '일본민족의 기원 이 되는 국가 형성'이란 주제의 좌담회에서 처음으로 제기된 것이었다. 그것이 매스컴에 보도되면서 세인의 반향을 크게 불러일으켰다. 좌담회의 내용은 이듬해인 1949년 『민족학연구』 13권 3호에 '일본민족문화의 기원과 계통'이란 특집으로 실렸 다. 에가미는 거기에 게재된 내용을 바탕으로 자신의 견해를 재정리하여 1958년 『일본민족의 기원』이란 단행본을 출간하였 다. 이후 그에 대한 활발한 비판·반비판의 과정을 거치면서 기마민족설은 미흡한 부분이 보완되어져 차츰 나름으로 체계 를 갖추어 갔다. 그 결과 에가미는 1967년에는 결정판이라고 도 할 『기마민족국가』를 내어놓았다. 가설의 대강을 정리하면 다음과 같다.

일본 고대국가의 건국은 두 단계를 거쳐 이루어졌는데 첫 단계는 부여 계통의 기마유목문화를 보유한 집단이 남하하여 삼한사회의 국가 형성기에 변한(弁韓) 지역을 근거지로 한 진왕 (辰王)이 되며, 그 뒤 백제·신라·가라(임나)의 삼국시대가 되자 크게 불리해진 나머지 진왕의 자손은 임나를 작전기지로 삼아 한인과 왜인의 도움으로 4세기 초반 왜의 영역인 츠꾸시(筑紫) 로 진출함으로써 기존에 확보한 임나와 쓰시마(對馬), 이끼(壹 岐), 츠꾸시로 이루어진 왜한연합왕국(倭韓聯合王國)을 건설하였으며 그 지배자로서 진왕의 후예인 왜왕은 처음 임나에 도읍을 두고 연합왕국을 다스렸으며(뒤에는 츠꾸시) 국호를 왜국이라고 하였다는데, 『일본서기』에 보이는 임나일본부가 바로 그것이라는 점 등등을 기본적 내용으로 주장하였다. 대체로 그 시점은 4세기 후반이며 당시 건국의 주역은 바로 『일본서기』에 보이는 10대의 숭신(崇神)천황이라는 것이다. 둘째 단계는 북부 구주를 근거로 진왕의 후예인 천황씨와 그밖에 오오도모(大伴)씨, 모노노베(物部)씨 등 기마민족 계통의 귀족 연합세력이 기내(畿內)의 야마도(大和) 방면으로 정복 활동을 추진하면서 강대한 왕권을 형성하였는데, 이것이 제2의 일본 건국으로서 그 주역은 응신(應神)천황이며 그 시기는 대략 4세기 말 5세기 초라는 것이다.

1세기 남짓만의 비교적 짧은 기간에 야마도를 중심 무대로 일본열도 전역을 통합한 국가를 건설할 수 있게 된 것은 주도 세력이 기동성을 가진 기마유목적 문화를 보유한 정복적 성격을 강하게 띤 집단이었기 때문이라고 추리하였다. 거기서 성립한 야마도 조정(朝廷)이 남부 조선을 제압하고 있을 때에는 대륙적·정복왕조적·군사적 성격이 강한 본질이 계속 유지되었지만, 그 지배가 불가능하게 된 6세기 중엽 이후에는 점차 도국적(島國的)·일본적인 성격으로 바뀌게 되었다는 것이다. 645년 개혁적 정책을 추진한 대화개신(大化改新)은 바로 그런 체질 변화의 진정한 모습을 보여 준다고 주장하였다.

　이 가설은 방대한 구상과 함께 총체적인 접근 방법이 특징적이라 하겠다. 그 자신은『고사기』와『일본서기』의 신화 전승을 중심으로 한 민족학적 · 역사학적 연구를 비롯하여 고분과 그 출토품을 중심으로 한 고고학적 연구, 중국사에 보이는 동아시아의 형세, 일본 및 한국 중심의 역사학적 연구, 일본의 의식주, 장제(葬制), 습속 등 문화의 연구 등 종래 분산적 · 개별적으로 행해지던 연구를 종합적 · 통일적으로 파악하는 접근 방법으로 연구를 진행하였다고 밝혔다. 사실 출발의 실제적인 근저에는 소위 일본 고분시대에 대한 나름의 고고학적인 이해가 가로놓여 있다. 에가미는 전방후원분으로 대표되는 고분시대를 전 · 후의 두 시기로 나누어 두 문화에는 성격 차이가 뚜렷하게 존재하는데 전기가 농경민족적이라면 후기의 그것은 대륙과 조선의 기마민족문화와 같은 계통으로서 일본의 고분은 그처럼 이중적인 구조를 보인다는 것이다. 고고학적 양상으로 볼 때 전기고분이 주술적, 제사적, 평화적, 동남아시아적이라면 후기고분은 현실적, 전투적, 왕후귀족적, 북방아시아적 성격이라 한다. 두 문화 사이에는 일관성 · 연속성이 결여된 것으로서 그 교체가 점진적으로 진행된 것이 아니라 지극히 짧은 시기에 급진적 · 돌출적으로 이루어졌으며, 따라서 변화의 성격은 본질적이며 혁명적이라는 것이다. 이는 단순한 문화의 이동이 아니라 담당자의 이동이며, 그것이 정복적으로 추진되었다고 힘주어 피력하였다.

이는 일본 고대국가의 기원을 다루면서 주창된 것으로서 황국사관의 극복을 통하여 일본사를 새롭게 본다는 목표를 전면에 내세우고는 있지만 그 바탕의 흐름에는 아직 완전하게 해소되지 않은 기왕의 천황 중심적 역사 인식이 진하게 깔려 있다. 당시 그가 역사학계에 널리 유행하던 유물사관적 인식과 쓰다 쇼기찌의 역사연구 방법론을 적극 비판한 데서 느껴진다. 특히 스스로 강조하여 되풀이 지적하였듯이 스승 이케우찌 히로시로부터 들은 왜의 5왕에 대한 이야기와 함께 강력한 일선동조론자 기따 사따기찌의 영향을 크게 받았다고 한다. 이 둘 다 임나일본부설과 밀접한 관련이 있는 논의임은 두 말할 나위가 없다. 이는 기마민족설의 기본 방향이 어디에 놓여 있었는지를 짐작케 하는 대목이다. 자신은 역사학·고고학·국문학·민속학 등 광대한 접근 방식을 구사한 기따를 존경하며 기마민족설 자체를 일선동조론의 현대판이라고 보면 된다고 역설하였던 사실에서 그 방향이 저절로 드러난다.

기마민족설은 다양한 방면의 종합적인 자료 접근 형식을 취하고 있지만 미군정에 의한 천황의 인간화 선언의 분위기와 함께 1920년대 이후 한동안 유행한 비엔나 학파의 문화전파주의를 나름대로 변용(變容)한 것이었다. 사실 기마민족설은 고도의 새로운 문화는 침략자가 직접 갖고 가서 전해 준다는 제국주의적 침략을 옹호하는 가설일 따름이다. 그 가장 밑바탕에 임나일본부설을 짙게 깔고 있는 것도 그와 밀접하게 관련이 있다. 어떤 측면에서 역사학의 기본이 되는 실증사학의 발전으로 근거가 없는 임나일본부설이 저절로 무너질 위험에 처하자 그를 보강할 목적에서 천황가의 기원이란 이름을 빌려 주창된 느낌이다. 그를 위해 창안한 대안이 바로 왜한연합왕국설(倭韓聯合王國說)이었던 것이다. 기왕에는 야마도 조정이 한반도로 진출하여 임나를 지배하였다고 주장하였던 데 비해, 이제는 북방에서 기마집단이 내려오면서 정복지에 대한 지배를 계속하였다고 본 점에서 차이가 날 뿐이다. 한국사의 입장에서 군이 이 가설을 크게 주목하게 된 것도 바로 이 왜한연합왕국설 때문이었다.

이 가설은 나오자마자 엄청난 파장을 몰고 왔다. 설의 규모가 크고 방대한 나머지 너무나도 빈 구석이 많았다. 정치(精緻)한 맛은 전혀 없었고 여러 자료들을 대충의 얼개로 얼기설기 엮어낸 모양과 같아서 유관한 모든 학문 분야로부터 격렬한 비판을 받을 수밖에 없었다. 가장 중심에 놓인 고고학과 역사학계는 물론이고 신화학·민속학·언어학 방면으로부터도 비판이 뒤따랐다. 학술적인 입장에서는 너무도 근거가 박약하여 수용에 지극히 냉담하였던 것이다. 다만 그것의 사실 여하를 불문하고 일반인들에게는 좋은 흥밋거리였으므로 그들은 자연 그 논란의 향방에 깊은 관심을 쏟았으며 일부는 논쟁에 직접 참여하기도 하였다. 이후 이 가설을 둘러싸고 지금껏 논전이 지속된 것도 그 때문이었다. 하나의 가설을 놓고 이처럼 오래도록 논란하는 경우도 그리 흔치가 않은 사례이다. 그 때문에 이 가설은 이후 임나일본부설이 계속 유지되는 데에 일조(一助) 하게 되었다고 생각된다.

기마민족설 가운데 일본 고대국가의 성립이나 천황가의 기원과 관련한 부분이 흥미의 대상은 될지 모르나 우리의 관심 대상 밖 존재일 따름이다. 우리의 관심을 끄는 대목은 그 가운데 주요 부분인 왜한연합왕국론이다. 그 중심에는 임나일본부설이 놓여 있기 때문이다. 사실 그런 발상의 밑바탕에는 앞서 언급한 것처럼 그 동안 한반도에서 왜계 문물의 출토를 통하여 임나일본부설을 입증하려고 한 노력이 수포로 돌아간 사실이 크게 작용한 것 같다. 그래서 입론(立論)의 방법을 다른 방식으로 바꾸어 접근하려 한 것이었다. 그렇다고 기마민족설은 과연 고고학적으로 증명 가능할 것인가.

에가미는 이후 허술한 부분의 보완에 크게 힘을 기울였지만 고고학적으로 지금까지 그를 증명할 만한 징후들은 별로 찾아내지 못하였다. 특히 일본 고고학계에서는 그의 주장이 연대나 유물의 내용상으로 전혀 성립 불가능함이 이미 입증한 상태였다. 그렇다면 한국의 사정은 어떤가. 한국 측 문헌상에서는 그런 흔적이 전혀 보이지 않는다. 진왕(辰王)의 실체에 대해서도 논란이 많지만 문제의 변한과는 전혀 상관 없는 존재로 여겨지고 있다. 멸망 후 당으로 끌려간 백제 의자왕의 태자 부여융(扶餘隆)의 묘지명에서 '공은 이름이 융이며 자(字)도 융으로 백제 진조인(辰朝人)이다'라는 귀절이 보이자 이를 진왕과 곧바로 연결하여 진(辰)의 주류를 임나로 규정하려 하였다. 이처럼 단편적인 자료가 나오면 마음대로 가져다 붙이는 그런 논리와 체계로 주장된 거대한 이 가설은 사상누각일 따름이었다. 마치 떨어질 때마다 덕지덕지 꿰맨 누더기 옷과 같은 형국이라고나 할까.

이십여 년 전쯤 김해 시내의 대성동(大成洞) 고분군에서 부여계의 동복(銅鍑)과 함께 왜계의 통형동기(筒形銅器)가 출토하자 아가미는 1991년 현장을 방문하여 그것이 곧 자설(自說)을 입증하여 준다고 흥분한 적이 있지만, 출토 유물과 유구를 아울러서 종합적으로 판단하면 기마민족설을 증명하기에는 역부족이었다. 다만 한국의 일부 논자가 그를 토대로 부여계통 집단의 남하로 금관가야가 성립되었다는 유사한 주장을 제기한 바 있다. 이는 기마민족설 계통의 한 아류일 뿐이지만, 그것이 한국 학계에 얼마나 크게 영향을 끼쳤는지를 여실히 보여 주는 대목이다. 한때 경주분지에 널리 조영된 적석목곽분(積石木槨墳)의 피장자인 신라 건국세력이나 한강 유역에 산재한 적석총(積石塚)의 피장자인 백제 건국 세력도 모두 4세기에 부여족 일파의 남하로 조영된 것이라는 주장이 제기된 적이 있다. 이들 대부분은 종합적인 자료 검토로 내려진 결론이 아니라 하나의 부분적인 사례를 과대 포장한 것으로서 기마민족설의 또 다른 아류에 불과할 뿐이었다. 1980년대에는 일본열도 정복설에 관한 부분만 따로 떼어내어 일본 천황가의 기원이 백제의 건국자 온조(溫祚)의 형인 비류(沸流) 계통이라는 주장이 제기된 적도 있었다. 물론 학술적인 근거가 전혀 없는 주장일 따름이다. 미국 콜롬비아대학 교수 게리 레디아드(Gari K. Ledyard)도 이 학설에 현혹되어 그 중 불합리하다고 여긴 일부를 수정·보완하여 나름의 견해를 발표한 바 있다.

　과거 한때 한반도에서 전투용 기마문화를 입증할 만한 것은 5세기를 거슬러 올라가지 않는다는 주장이 있었다. 그에 따른다면 기마민족설이 들어설 여지는 별로 없다. 물론 최근 등자(발걸이)나 말 재갈을 비롯한 철제의 마구 자료가 증가되면서 전투용 기마문화의 한반도 출현 시점이 점차 올라가 4세기 중엽까지 소급되고 있는 것이 통설이지만 그렇다고 그것이 기마민족설을 주장할 정도로 대량적이며 또 그리 큰 비중을 차지하는 것은 결코 아니다. 이 가설은 문헌상으로는 더 이상 증명이 불가능하며 고고학적으로도 그것을 입증할 상황이 아니다. 2002년에 주창자인 에가미의 사망으로 말미암아 이제 영원히 증명되지 못할 가설로서만 남게 되었다.

새로운 칠지도 해석

　이미 언급하였듯이 1874년 칠지도가 알려진 이후 그를 『일본서기』 신공기 52년조에 억지로 맞추어 임나일본부설을 입증해 주는 자료로 활용하려고 하였지만 기년상 합치되지 않는 데에 커다란 난점이 있었다. 수정되기 이전의 신공기 52년은 252년이었고 그것을 근거로 태시이거나 태초이거나 간에 억지로 맞추고자 하니 때로는 칠지도가 왜왕에게 공급되기 수십년 전에 먼저 만들어지기도 하였고 때로는 보낸 이후에 만들어진 셈이 되어서 만족스런 결론에 도달하기 어려웠던 것이다. 따라서 이 기년 문제가 제대로 해명되지 않고서는 칠지도가 임나일본부설을 증명하여 주는 적극적 자료로서 활용되기에는 명백한 한계를 지닐 수밖에 없었다. 그래서 더 이상 그에 대한 논의는 수그러드는 상황이었다.

그러다가 1945년 이후 그를 해결할 단초가 마련되었다. 이때에는 이미 『일본서기』의 초기 기년 120년 인하설이 통설화된 상태였으므로 그를 토대로 한 신설이 나올 만한 배경이 갖추어진 셈이었다. 이 인하설에 바탕하여 칠지도가 왜로 보내진 시점은 252년이 아니라 120년을 내린 372년으로 점차 확정되어 갔다. 그에 입각하여 일본 건축사를 전공한 후꾸다 도시오(福田敏男, 1905-1995)는 1951년 명문 첫머리의 연호를 태화(泰和)로 읽고 그것이 동진(東晉)의 폐제혁(廢帝奕)이 사용한 태화(太和)에 해당한다는 새로운 학설을 내어놓았다. 금석문상에서는 태화(太和)를 태화(泰和)로도 표기한 적이 있으므로 그처럼 표현상 차이가 나는 것은 별로 문제되지 않는다고 주장하였다.

이 설에 따르면 칠지도가 제작된 태화 4년은 369년으로 되어 『일본서기』의 372년과 비교적 근접하는 셈이다. 후꾸다는

369년 백제에서 제작된 칠지도가 그 3년 뒤인 372년 왜왕에게 헌상되었다고 주장하였던 것이다. 이 주장은 이후 일본학계의 가장 유력한 학설로 자리 잡아 갔다. 이는 『일본서기』의 기년에 집착한 데에서 도출된 것이므로 사실상 일제 때의 논리를 그대로 수용한 바탕에서 제기된 셈이었다. 사실 백제가 동진과 처음으로 통교한 것은 372년의 일이므로 엄밀히 말하면 그 이전인 369년에 이미 동진의 연호를 사용하였다는 것은 사리에 어울리지가 않는다. 그래서 그 연대가 그대로 꼭 들어맞지 않는 사정도 함께 고려하여 『일본서기』와는 전혀 상관없이 북위 효문제(孝文帝)의 태시(泰始)설, 남조 송 명제(明帝)의 태화(太和)설, 백제 연호설 등 다양한 주장이 대안으로 제시되었던 것이다.

사실 연호보다 더 중시해야 할 대상은 내용상의 문제이다. 앞면에는 이 칠지도를 공급 받는 대상이 후왕(侯王)이라 표현되어 있고 뒷면에는 칼을 제작한 주체가 백제 왕세자이며 그를 받는 대상은 왜왕으로 설정되어 있다. 따라서 순리대로 본다면 백제 왕세자가 후왕으로 여기고자 한 왜왕에게 공급하기 위하여 특별히 제작하였다는 것이 핵심적 내용으로 정리된다. 왜왕이 실제적으로 백제의 후왕으로서 역할하였던 것인지 아니한지는 그 다음에 진행되어야 할 역사 해석상의 문제이다. 그것이 단순히 인식상의 주장에 그친 문제일 수도 있고, 아니면 실제적인 관계를 드러낸 것일 수도 있으므로 별도로 깊이 다루어 보아야 할 대상이다. 백제왕이 아니라 왕세자가 왜왕에게 준다는 점도 양자 사이에 일정한 우열의 차이가 존재하였음을 짐작케 하는 대목이다. 여하튼 명문의 내용을 논리적으로 살피면 4세기 후반의 시점에서 백제는 왜왕을 자신의 제후왕으로 인식하고 그를 보증해주기 위하여 왕세자가 칠지도를 제작하여 지급하였다는 것이 충실한 이해이다. 이것이 바로 하사설(下賜說)로서, 후술할 김석형(金錫亨)이 삼한삼국의 일본열도내분국설(日本列島內分國說)의 입장에서 강력하게 주장한 이래 우리 학계에서 일반적으로 받아들여지고 있다. 사실 이는 『일본서기』를 전혀 의식하지 않고 명문 자체만 놓고 본다면 잘못이 없는 객관적인 해석으로 여겨진다.

그럼에도 일본학계는 아직껏 『일본서기』를 염두에 둔 해석을 그대로 고집하는 논자들이 많다. 연대 뿐만 아니라 내용까지 그에 끼워맞추려고 하였다. 기본적으로 백제가 왜왕에게 바쳤다는 헌상설(獻上說)의 입장에서 기발한 해석이 다양하게 시도됨이 작금의 상황이다. 역설적이게도 그것은 명문이 명백하게 헌상설을 주장할 만한 내용이 아님을 의미한다. 전면의 '의공공후왕(宜供供侯王)'을 대등한 관계를 가진 세력에게 준 것으로 해석하든 혹은 '공손하고 예의바른 후왕에게 적합하다'고 해석하여 앞면이 전부 아무런 실제적 내용을 갖지 않는 단지 길상구(吉祥句)에 지나지 않든 상관이 없이 『일본서기』를 전제로 그에 끼워 맞추려는 해석은 거의 억지 논리에 가깝다. 사실 일반적인 금석문 연구 방법론에서도 크게 어긋나는 접근이다. 새로운 금석문이 출현하면 그것을 근거로 기존의 문헌사료가 철저하게 재검토되어야 마땅하다. 그럼에도 『일본서기』의 내용에다가 칠지도를 억지로 꿰어 맞추려는 시도는 거꾸로 접근한 방법이므로 수용하기 곤란한 것이다.

여러 가지 해석 가운데도 중국사 연구자인 구리하라 도모노부(栗原朋信)가 취한 입장은 그런 점과 관련하여 여러 모로 시사하는 바가 많다. 그는 궁여지책으로 이른바 책봉체제론(冊封體制論)에 입각하여 '기생성음(奇生聖音)'의 '음'을 '진(晉)'으로 읽어 칠지도를 성스러운 동진의 조정이 책봉한 백제왕을 매개로 하여 왜왕에게 보내 준 것이라 해석하고 그 이유로서 동진은 백제의 종주국이므로 그들의 어려움을 도와준 왜왕의 공로를 포상하기 위한 것이었다고 대단히 기발한 착상을 시도하였다. 그러나 369년이라면 어떻게 동진이 종주국이 되는지 모르겠다. 그야말로 정상적인 연구자라면 생각하기 어려운 황당하기 짝이 없는 해석이다. 그를 이어받아 앞면은 칠지도를 만든 동진에서 작성한 것이고 뒷면만은 칠지도를 동진으로부터 받은 백제가 다시 왜왕에게 보내기 위해 작성하였다는 기묘한 발상을 시도한 경우도 있다. 이는 정말 『일본서기』에 너무도 집착한 어처구니없는 해석이다. 칠지도에 도교적 영향이 보인다는 데에 착목한 라츠메이칸(立命館)대학 교수 야마오 유끼히사(山尾幸久)가 369년 동진에서 제작된 원(原) 칠지도가 372년 그곳에 간 백제 사신의 손에 들어가고 그를 모방·제작하여 명문을 상감(象嵌)한 뒤 왜왕에게 도교신앙을 권장하는 명목으로 증여한 것으로 풀이한 것도 그와 대동소이하게『일본서기』에 지나치게 얽매인 아류적 해석에 지나지 않는다.

사실 조금만이라도 한문에 대한 소양이 있는 사람이라면, 역사에 대한 아무런 기초적 지식이 없어도 칠지도의 헌상설이 성립할 수 없음은 단번에 알아차릴 수가 있다. 그래서 일본사 연구자들 가운데도 비교적 객관적 안목을 지닌 것으로 정평이 나 있는 교토대학 교수 우에다 마사아끼(上田正昭)는 명문의 형식이 상위자가 하위자에게 주는 하행문서(下行文書)인 점에 착목하여 백제왕이 후왕인 왜왕에게 하사하여 준 것이라고 명백히 밝혔다. 어떤 논자는 거기에는 백제의 자신감이 내재되어 있으므로 백제왕의 우위를 나타내어 주는 것이라고 비교적 솔직한 심정을 드러내어 보이기도 하였다. 대체로 근자에는 하사설, 헌상설을 어느 쪽도 부정하고 대등한 입장에서 그것을 줄 만한 사건이 발생하여 그를 기념할 특별 교섭이 두 나라 사이에 있었던 것으로 풀이하고 있다. 오까야마(岡山) 대학 교수였던 요시다 아끼라(吉田晶)는 '지조(旨造)'를 '시험삼아 만들다', '처음으로 만들다'와 같은 뜻으로 풀이하여 고구려의 군사적인 압력에 대항하기 위한 군사적·외교적 필요에서 백제가 제작하여 왜왕에게 증여한 것으로 풀이하였다.

사실 한때 칠지도가『일본서기』의 기사를 역사적 사실로 증명하여 주는 것이라 간주하여 접근함이 일반적이었다. 그러나 내용이 그와는 정반대이므로 이제는 한 발짝 물러서서 대등한 관계를 나타내어 주는 쪽으로 선회되고 있다. 사실 명문의 내용은 비록 하사의 형식을 취하고 있지만 그것이 일종의 외교 문서임을 고려하면 백제의 입장이 강하게 스며있는 표현임은 분명하다. 따라서 두 나라 사이의 역사적 실상은 물론 그렇지 않았고 기본적으로는 대등한 관계였을 터이다. 후왕으로 여긴 것은 백제의 입장에서 스스로 우위에 서려는 외교적인 수사에 지나지 않는다고 풀이된다. 만약 칠지도의 연대를 369년으로 보고 그와 같은 입장에서 접근한다면 이는 결국 『일본서기』 신공기 49년조 자체가 성립하기 어려움을 뜻하는 것이기도 하다. 달리 말하면 임나일본부설은 이 칠지도 하나만으로도 성립할 수 없음이 명백해진다고 하겠다. 광개토왕비와 마찬가지로 칠지도를 오로지 임나일본부 문제와 연관지어 이해하려 한 나머지 그것이 말해 주고자 하는 너무나 많은 값진 정보를 쉽게 놓쳐버린 것이 아닌가 여겨져 안타깝기 그지없다.

사실 실물로 남아 있는 칠지도가 『일본서기』의 그것이고 따라서 칠지도의 제작 연대를 372년으로서 이 해가 바로 △和 4년이라면 그 원년은 369년이 된다. 중국의 연호 가운데 369년을 원년으로 하는 것은 전혀 없다. 그렇다면 이 연호는 백제의 연호로 보고 접근해야 함이 일차적이다. 그러해야 함에도 오래도록 선입견에 긴박(緊縛)되어 역으로 접근한 것은 근본 문제였다. 그것이 성립한다면 『일본서기』의 기사 자체도 근본적으로 재검토되어야 함은 두 말할 나위가 없는 일이겠다. 장차 그 런 측면에서의 착실한 접근이 요망된다고 하겠다.

3. 흔들리는 임나일본부설

　임나일본부설은 19세기 후반 이후 상당히 오랜 기간의 여정을 통하여 움직이기 어려운 정설로 굳어져 갔다. 이른 시기에 골격이 잡히고 이후 시간이 흐르면서 많이 보완되었는데, 이는 곧 그만큼 많은 자료와 해석이 동원되어 체계화되었음을 뜻한다. 그래서 일찍이 황국사관에 대해 비판적인 입장을 견지한 진보적인 연구자들조차 임나일본부설만은 틀림없는 사실로 굳게 믿으려는 분위기였다. 일제 시기 전반을 통하여 한국사 연구 자체가 자유롭지 못한 실정이었으므로 당시 그에 대한 우리 측 연구자가 제기하는 어떠한 공개적 반론도 용납되지가 않았다. 다만 그런 정황 속에서 위당 정인보(鄭寅普, 1893-?)는 1939년 무렵 홀로 광개토왕비문의 신묘년조 기사를 전혀 새로운 각도에서 조명해 보려는 논문을 작성하였다. 그렇지만 당시 일제의 군국주의적 야욕이 극한의 정점으로 치닫던 상황이어서 그것이 즉시 공개되지 못하였다. 이로 말미암아 임나일본부설에 대한 본격적인 첫 반론은 자연히 해방 이후를 기다리지 않으면 안 되었다.

해방이란 혼란된 상황 속에서도 일제를 통하여 만신창이가 된 한국사를 체계화하기 위해서 가장 시급하게 추진되어야 할 것이 인적 자원의 확보였다. 그러나 연구자의 절대적 부족으로 일제 식민주의사학 전반에 대해서는 물론이고 임나일본부설에 대한 본격적 검토조차 엄두를 낼 사정이 아니었다. 그리하여 단지 감정적 차원에서 분출된 의욕만 내세워 임나일본부설이 허구라고만 외칠 뿐이었다.『일본서기』에는 한국 고대사 복원에 도움이 될 만한 상당한 사료를 내장하고 있고, 또 임나일본부설을 다루려면 당연히 직접적으로 부닥쳐야 함에도 불구하고, 이후 오래도록 백안시하여 마치 절대로 가까이 해서는 안 되는 기피의 대상인 듯이 취급하여 왔다. 따라서 제대로 된 임나일본부설에 대한 비판적 작업은 인력의 확보와 함께 일단 적절한 때가 무르익기를 기다려야만 하였다.

1) 여러 시각과 비판적 입장

일본열도내 분국설

사실 임나일본부설에 대한 본격적이며 체계적인 비판의 횃

불은 먼저 북한 학계에서 올려졌다. 대구 출신으로서 경성제대를 졸업하고 해방 후 월북한 김석형(金錫亨, 1915-1996)이 1963년『력사과학』1호에「삼한 삼국의 일본 렬도내 분국(分國)들에 대하여」란 야심작을 게재하여 사실상 맨 처음으로 본격적 포문을 열었다. 이 글이 근간이 되어 1966년에는『초기조일관계사연구(初期朝日關係史研究)』(평양, 사회과학원출판사)란 저서가 간행되었다. 당시 북한에서의 역사 연구가 집단적인 토론 방식(이른바 집체적이라고 표현)을 통하여 이루어지고 있었다는 점을 감안하면 이 책은 저자 단독의 의견이라기보다는 상당 기간 축적된 북한 학계의 성과를 반영하며, 따라서 공식적인 입장이라고 하여도 어긋나지 않을 듯하다. 그 점은 이후 북한의 역사 관계 개설서를 비롯한 교과서류에서 그와 같은 입장이 줄곧 견지되고 있는 데서 충분히 짐작된다. 어떻든 이 주장은 해방 뒤 급성장한 북한 학계 한일관계사 연구의 총체적 결집이었다고 평가하여도 좋을 듯 싶다. 1969년에 이르러『고대조일관계사―대화정권과 임나』(頸草書房)란 이름으로 일본에 번역·소개되면서 큰 반향을 불러일으켰다. 그 자체 일본 역사학계가 고대한일관계사 전반을 새롭게 검토하는 계기가 될 정도로 충격적인 사건이었다. 이 학설은 흔히 한 마디로 '삼한 삼국의 일본열도내 분국설'(이하 分國說)이라 불린다.

그 동안 임나일본부설을 사실로 입증해 내기 위해서 다양한 자료가 구사되었으니 그를 정리하면 크게『일본서기』 신공기의 일련의 기사, 『송서』 왜전의 5왕 관계 기사 등의 문헌 사료와 함께 광개토왕비문의 신묘년조 기사, 칠지도 등등이다. 물론 그 가운데 가장 강력한 근거가 된 것은 광개토왕비문이었다. 김석형은 물론 이들을 포함 더욱 폭넓게 자료를 섭렵하면서 기왕과는 전혀 다른 새로운 시각에서 다룰 뿐만 아니라 당시까지 일본에서 행해진 발굴을 통하여 확보된 고고자료까지 적극 동원하여 논지를 전개하였다. 그런 측면에서 분국론이 얼마나 방대한 기초 작업에 기반하고 있었는가를 짐작하고도 남는다. 전체적인 내용의 골격만 대략 정리하면 다음과 같다.

기원전 2~3세기부터 정치적인 변동의 영향으로 삼한의 주민들이 선진의 금속도구와 농경문화를 갖고서 계통적·대량적으로 일본열도로 진출하여 저습지(低濕地)를 개발·정착하고 마을, 고을, 나아가 소국을 형성하는 주도적인 역할을 맡았는데 이들은 이후 각기 백제·신라·가야 등 본국과의 연계를 유지하면서 점차 국가 세력으로 통합되어 그들의 분국(分國)으로 기능하였다는 것이다. 3세기 말 4세기 초 무렵 북 큐슈, 이즈모(出雲)·기비(吉備), 기내 지방의 순서로 국가가 성립되었는데 이 주민 계통이 중요한 구성 부분으로서 역할을 다하였다고 한다. 그 결과 북 큐슈의 서부는 백제 계통, 동부는 가야 계통, 이즈모는 신라 계통이 우세하였다는 것이다. 기내의 야마토는 원래 신라계가 우세하였으나 5세기 말 6세기 초에는 북 큐슈로부터 백제 계통이 엄습하여 유력·우세하여졌다고 논단하였다. 이 시기까지 한일관계의 중심 내용은 이주민의 일본열도 내로의 계속적인 진출이며, 백제·신라·가야가 각각 자기 계통 이주민에 대해 지배하는 관계에 있었다는 것이다. 6세기 이후 야마토 국가가 열도를 통합하던 과정은 완만하게 진행되었는데, 이로 말미암아 이주민계 세력들은 본국과의 관계를 끊고 그 속으로 차츰 통합되어 갔다고 한다. 이처럼 초기 한일관계의 역사는 일본학자들이 말하는 것처럼 일본의 남부 한국 지배와 경영이 아니며, 그와는 정반대로 한반도 계통 이주민들이 서부 일본의 개척과 그 역사 발전에서 선진의 문화 개척자적 역할을 담당하였다는 것이다.

이상의 내용을 주장하기 위하여 김석형은 임나일본부설의 근거로 삼아온 몇 가지 기본 자료에 대한 해석을 전혀 다르게 시도하였다. 첫째, 『고사기』와 『일본서기』에 보이는 신화 가운데 이즈모(出雲) 신화의 주인공인 스사노오노미꼬또(素盞嗚尊)는 신라로부터 건너간 존재로서 신라계의 일본 진출을 보여 주며, 신무동정(神武東征) 설화는 북부 큐슈로 진출한 가라계의 분국에 의한 일본열도의 정복 과정을 반영한다는 것이다. 둘째, 『일본서기』 신공기에 보이는 내용들은 허황하며 기년도 맞지 않았으므로 문제가 많고, 또 한국의 사료들과 전혀 부합되지 않는 데도 그를 사실로서 그대로 받아들인 반면 그에 문제를 제기하는 사람이 한 사람도 없는 근저에는 독단적인 황실 숭배사상이 놓여 있다는 것이다. 셋째, 신묘년조에 대해서 정인보의 견해를 받아들여 '신묘년에 왜가 오니 (고구려가) 바다를 건너 백제를 격파하고 신라를 신민으로 삼았다'고 새겼다. 비 문에는 백제와 신라가 고구려의 속민으로 되어 있으나 실제 그런 적은 없으며, 이 왜는 북부 큐슈의 백제 계통으로서 고국 을 위해 동원된 것이며 고구려가 수군으로 바다를 건너 고국 인 백제를 격파하고 나아가 신라를 자기 편으로 끌어들인 사 실이라고 풀이하였다. 넷째, 칠지도의 태화는 5세기에 사용된 백제의 연호이며 이는 헌상한 것이 아니라 대왕인 백제왕이 신속(臣屬)한 위치에 있던 왜왕에게 준 것으로 해석하였다. 다 섯째, 『송서』 왜전의 왜 5왕 작호에 대해서 야마토의 왜이기는 하지만 그곳에 보이는 백제·신라 등은 그 주변에 있는 이주 민계 소국들로 이는 일본열도 내에 고구려 계통 소국이 없었 던 사실을 잘 보여 준다고 주장하였다.

분국설은 문헌사학 뿐만 아니라 고고학·신화학·언어학 등 다양한 접근 방법을 총동원하는 등 엄청나게 방대한 작업 을 진행한 결과 도출된 신설이었다. 아마도 그 시점에서 이와 같은 총체적 방식을 들고 나온 것은 『임나흥망사』와 함께 기 마민족설의 영향도 일정하게 작용한 듯하다. 그에 대한 본격 적 반론의 성격을 띤 것이었다.

이로써 북한학계의 고대 한일관계사 연구는 완결된 것이나 다름없었다. 분국론이 소개되었을 때 일본의 역사학계와 고고 학계가 받은 충격은 대단히 컸던 것 같다. 이후 그를 둘러싸고 전개된 여러 논의를 통하여 짐작할 수 있다. 물론 워낙 다루고 있는 범위가 방대하다 보니 허술하게 처리된 부분 또한 적지 않다. 가령 해방 이후 이미 기년 수정에 따라 진행된『일본서기』의 연구 성과를 충분히 흡수하지 못한 점이라든지, 기사 하나 하나에 대해 제대로 치밀하게 검토할 겨를을 갖지 못하고 한반도 관련 기사 거의 모두를 분국론적 시각으로만 정리한 점 등은 근본적인 문제였다. 거기에는 결코 그렇게 해석되어서는 안 되는 부분 또한 적지 않게 발견되기 때문이다. 왜의 5왕만 하더라도 거기에 보이는 백제나 신라 및 임나를 한반도가 아니라 일본열도 내로 간주해야 할 하등의 근거는 없다고 하겠다.

이처럼 허술한 부분이 적지 않으므로 나름의 설득력을 가지려면 논리를 한층 더 가다듬어야 하겠지만, 이미 모든 것이 마치 전부 움직일 수 없는 사실로서 확정된 양 자화자찬하던 일본 학계로 하여금 임나일본부설을 전면적으로 재검토할 계기를 마련해 주었다는 점에 연구사상의 의의가 크다. 그를 둘러싼 논전이 진행되면서 임나일본부설 전반이 새롭게 검토되기 시작한 것은 그를 방증하여 준다. 한편 한국에서는 그 영향을 받아 일본의 천황가를 백제계로 추정하려는 비류(沸流)백제설, 임나의 위치를 대마도(對馬島)로 비정하려는 주장 등이 제기되었다. 이들이 모두 학술적인 근거를 별로 갖지 못한 또 다른 분국론의 아류임은 재언의 여지가 없다.

광개토왕비문 변조설

김석형의 분국설을 둘러싼 논란이 한창 전개되고 있을 즈음 임나일본부설의 가장 기본적 근거로 활용되어온 광개토왕비문이 특정한 목적에서 변조(變造)되었다는 폭탄선언이 나왔다. 이런 과격한 주장을 펼친 사람은 김해 출신의 재일동포 역사학자인 이진희(李進熙, 1929~2012)였다. 그는 십 수년간 비문 관련 자료 전반을 검토한 결과, 1972년 『광개토왕릉비의 연구』를 발표하면서 그것이 상당 부분 의도적으로 변조되었다고 문제를 제기한 것이었다.

이진희는 혼신의 노력을 기울여 수집한 비문의 탁본과 사진 자료 등을 낱낱이 비교·검토하면서 거기에 석회가 발려져 있었다는 사실을 확인하였다. 이를 주요 실마리로 삼아 석회가 발려진 시점과 배경 등을 추적해 본 결과 1899년 무렵을 기준으로 그 이전과 이후에는 탁본의 선명도가 확연하게 달라진다는 사실을 알아내었다. 그 이전의 탁본에서는 잘 보이지 않던 자획이 그 이후에는 제법 또렷하게 혹은 다른 형태로 보인다거나 초기 탁본에는 없었던 글자가 새로이 나타나는 등 상식적으로는 도저히 납득할 수 없는 기이한 현상이 찾아진다는 것이다. 그는 그와 같은 현상이 어떤 모종의 특별한 작업이 따로 가해지지 않았다면 비문 탁본의 원칙상 있을 수 없는 일이라고 진단하였다. 그래서 바로 그 무렵에 의도적으로 석회가 발려지는 행위가 자행되었다고 주장하였다.

그렇다면 정말 중요한 문제는 누가 어떤 목적에서 비문에 석회를 발랐는가 하는 점이다. 그를 추적하기 위하여 비문이 일본에 전해지게 되는 시점과 배경 그리고 이후 그를 두고 연구를 진행한 목적 등을 면밀하게 살핀 결과 참모본부가 비의 전면에 석회를 바른 주범이라는 결론을 내리고는 그 목적이 비문의 중요한 부분을 조작해 내기 위해서라고 주장하였다. 그래서 그는 이를 석회도부작전(石灰塗付作戰)이라고 명명하였다.

앞서 언급하였듯이 그는 비문이 참모본부 주도 아래에 입수된 경위와 연구 과정 등을 정력적으로 밝혀내어 일본 근대역사학의 체질까지 아울러 드러내려는 데 심혈을 기울였다. 앞서 언급하였듯이 참모본부에서 비문에 큰 관심을 갖게 된 것은 정치적·군사적 목적 때문이었다는 것이다. 스파이 활동을 수행하던 포병중위 사코오 가케아끼가 왜 비문탁본을 일본으로 가져 왔으며, 즉각 공개하지 않고 참모본부에서 비밀리에 연구를 진행한 사실은 바로 비문 연구에 특정한 목적이 내재되어 있었음을 방증한다는 것이다. 처음 비문의 일부를 변조한 것은 사코오였으며, 참모본부 주도의 연구가 끝나고 또 1894년 청일전쟁에서 승리를 거둔 뒤 참모본부에서는 사코오의 행위를 은폐하고 나아가 내용을 보완하기 위하여 1899년 비문의 전면에 석회를 발라 자신들에게 유리한 쪽으로 변조하였다고 주장하였다. 왜의 활동이 보이는 부분 가운데 특히 신묘년 기사는 변조의 중요한 표적이 되었다는 것이다. 그리고는 러일전쟁이 끝난 뒤인 1907년 5월 현역 육군 대좌(大佐)를 책임자로 하여 군함을 압록강 하구까지 보내어서 석비 자체를 일본으로 반출하려고 시도한 것 등은 그런 사정의 일단을 잘 반영한다는 것이다. 이진희는 결론적으로 비면(碑面)의 과학적인 조사를 제창함과 동시에 임나일본부설을 전면적으로 재검토할 것을 촉구하였다.

사실 비문에 대해서는 참모본부만이 아니라 대륙에서 활동하던 일본의 낭인(浪人)들도 큰 관심을 갖고 있었다. 중국의 영희(榮禧)가 1903년 12월에 쓴 『고고구려영락태왕묘비문고(古高句麗永樂太王墓碑文攷)』란 책이 미처 활자화하기도 전에 혼마(本間九介)란 낭인은 일본이 러시아 함대를 격침시킨 날인 1905년 6월 6일을 택하여 그를 기념해서 사본을 만들었다. 이는 일본 근대 동양사학의 개척자인 시라도리 구라기찌(白鳥庫吉, 1865-1942)가 '비문에 의해 일본은 조선 남부를 지배하였던 것은 확실하며 당시 일본이 그를 얻고자 하면 고구려가 반대하여 좌절시키려 하였는데 이는 흡사 지금 조선을 충분히 제압하기 위해 러시아를 정벌하지 않으면 안 되는 것과 다름없다'고 한 주장과 맥락을 같이 한다. 낭인들조차 러시아라는 당면의 적과 관련하여 비문에 크게 관심을 기울이고 있었던 것이다. 1922년에는 우익의 거물이던 곤도 세이교(權藤成卿, 1868-1937)가 『남연서(南淵書)』란 책을 간행하여 그것이 『고사기』나 『일본서기』보다 한층 오랜 것이라 주장하였다. 거기에는 645년 대화개신에 크게 영향을 끼친 남연청안(南淵請安)이란 인물이 당에서 귀국하는 길에 고구려 서울이었던 집안으로 들러 직접 보고 베꼈다는 광개토왕비문의 전문이 실려 있다. 물론 이것이 얼마 뒤 논쟁을 거쳐 마침내 위서(僞書)로 판명되었지만 그들이 얼마나 비문에 집착하였던가를 웅변하여 주는 저명한 사례이다.

이진희의 주장대로라면 광개토왕비문을 갖고 진행한 대부분의 연구 결과는 물론이고, 특히 임나일본부설은 전면적으로 부정되어야 마땅하다. 비문변조설에 대해 일본학계의 반응은 예상했던 대로 극히 냉담하며 부정적이었다. 몇몇 학자들이 변조설의 허점을 들어 논박하면서 기존 학설의 옹호에 적극 나섰다. 그래서 반론과 재반론이 되풀이되었다. 이진희는 논전(論戰)에서 승리하기 위하여 고군분투하였다. 대체로 석회가 발려진 사실은 모두 공통적으로 인정하면서도 그 행위 주체가 누구냐 하는 부분이 뚜렷하게 차이가 나는 논란의 핵심이었다. 이진희가 사코오와 참모본부라고 주장한 반면 일본학계에서는 높은 가격의 탁본을 얻기 위한 탁공(拓工)의 소행이라 주장하여 엇갈렸다. 논의는 오래도록 공전(空轉)만을 거듭할 뿐 별다른 진척이 없었다. 그런 가운데 뚜렷하게 얻어낸 소득이라면 제국주의 팽창 과정에서 정착된 일본 근대역사학계의 근본 체질이 확연히 드러났다는 사실이다. 그것이 작금에 이르러서도 완전히 불식되지 않은 채 특히 한일관계사에서 적지 않게 작동되고 있었다. 한편 한국 역사학계에서는 대체로 변조설을 그대로 수용하여 성급하게 기존 석문(釋文)을 보완하고 나아가 신묘년 기사에 대한 나름의 해석을 가하는 행태가 마치 유행처럼 난무하였다. 그를 통하여 비문에 대한 연구가 크게 진전된 것은 부정할 수 없는 사실이지만, 사료로 활용하는 데 가장 기본이라 할 정확한 석문 작성에 대해 근원적으로 문제가 제기된 마당에, 멋대로 글자를 추정하고 거기에서 한 걸음 더 나아가려고 시도한 것은 아무래도 섣부른 저급한 연구 행위였다고 평가할 수밖에 없다.

1972년 이후 비문변조설을 둘러싸고서 후끈하게 달아올랐던 열기가 어느 정도 식어갈 무렵 새로운 사실이 알려졌다. 중국 길림성고고문물연구소의 소장으로 재직하던 왕건군(王健群, 1927-)은 비문과 관련하여 논란되고 있던 제반 문제를 해결하기 위한 목적에서 1981년 4월부터 10월까지 비문을 면밀히 조사하면서 원상에 아주 가까운 시기에 만들어진 정탁본(精拓本)과 새로이 작성된 탁본을 갖고 현장에서 비문의 글자 하나하나씩 대조하는 방식으로 석문을 새로 만들었다. 그에 대한 최종적 연구 결과는 1984년 『호태왕비문연구(好太王碑文研究)』란 이름으로 간행되었다. 거기에서 왕건군은 일부 석회가 발린 것은 분명하지만 당시 대규모로 바르는 행위는 불가능한 시기였다는 전제 아래 그 주체는 참모본부가 아니라 중국의 농민 출신 탁공인 초천부(初天富) 부자로서 비면이 거칠어 작업하기가 곤란하였으며 따라서 좋은 탁본을 만들 수 없었기 때문에 석회를 발랐다고 주장하였다. 글자가 부분적으로 잘못 쓰여진 것은 그가 아무런 식견이 없었던 탓이라고 진단하였다. 이에 대해 일본 학계는 크게 환영하는 분위기였던 반면 이진희는 한중일 삼국의 학자가 직접 참가하여 공동으로 현장을 조사하는 연구를 진행하도록 촉구하였다.

왕건군의 책이 즉각 일본에 번역·소개되면서 크게 세인의 관심을 끌었다. 그로 말미암아 일본 매스컴에서는 왕건군 및 그와 함께 활동한 몇몇 연구자를 초빙하여 일본 측 연구자와 이진희를 참석시킨 가운데 공개토론회를 가졌다. 그 장면이 매스컴에 직접 방영되기까지 하였음은 그에 대한 관심의 정도가 어떠하였는가를 여실히 보여 주는 사실이다. 이 토론회에서도 각자 그 동안 제기해 온 선에서 한 발짝도 물러서지 않고 단지 자신의 기존 주장만 거듭 되풀이할 뿐이었다. 그래서 장차 토론회 참가자들이 직접 현장으로 가서 확인하기로 결정하고, 1985년 6월 말에서 7월 초에 걸치는 시기에 집안으로 달려갔다. 그러나 현장에서도 중국 측의 비협조로 면밀한 조사가 행해지지 못하였다. 중국 당국은 자신들이 주도하지 못한 점, 그리고 당시 자신과 긴밀한 관계에 있던 북한 측에서 아무도 참가하지 않아 자칫 그들을 자극할지 모른다는 점 등을 참작하여 의도적으로 조사의 진행을 방해하였다고 한다. 현상으로도 비문에 일부 석회가 발려진 사실은 육안으로도 뚜렷이 확인되었다.

그러나 아무리 특별한 과학적인 장비가 동원되더라도 현재로서는 비문의 의도적 조작과 석회를 바른 주체에 대해서는 그것만으로는 더 이상 확정짓기 곤란한 실정이다. 그래서 비문의 조사자들은 별다른 성과를 거두지 못한 채 귀국할 수밖에 없었다. 그럼에도 일본 측 연구자들은 귀국 후 일본의 매스컴에 현장 조사를 하여 보니 자신들의 주장이 맞았다고 외쳐 대었다. 이진희는 즉각 한국으로 건너와서 어느 일간지에다가 '이번 기회에 비문이 변조된 사실을 직접 확인하였다'는 내용의 기고문(寄稿文)을 실어 기왕의 주장을 되풀이함으로써 역시 평행선을 달렸다.

그 이후 더 이상 비문변조설을 둘러싼 논의는 사실상 중단된 상태이다. 아마도 아무리 새로운 조사를 진행하더라도 확인되기 어렵다고 판단하였기 때문이다. 따라서 그 동안 논란된 신묘년 기사는 현재 수준에서 논의할 수밖에 없는 상황으로 귀결되었다. 그런 과정을 통하여 물론 잃은 것도 없지는 않지만 논쟁에 자극을 받아 비문에 대한 관심이 크게 높아지고 나아가 신묘년 기사 등 한일관계사에만 한정하지 않고 전체 내용을 대상으로 삼아 고구려사 복원을 위한 기본 사료로 활용하게 되었다는 점은 논란을 통해서 얻어낸 커다란 성과였다고 평가된다. 비록 문제가 원천적으로 해결되지는 않았지만 비문변조설이 가져다 준 망외(望外)의 소득은 적지 않았다고 판단하여도 좋을 듯 싶다.

백제군사령부설

　이상에서 언급하였듯이 임나일본부설에 대한 본격적인 비판은 북한학계와 재일 역사학자가 선봉의 역할을 맡았다. 그와 관련한 논의가 일본에서 한창 진행 중일 즈음 그에 크게 자극을 받은 한국 역사학계의 천관우(千寬宇, 1924~1990)는 전혀 다른 각도에서 새롭게 임나일본부설을 비판적으로 극복할 수 있는 탁견을 내어놓아 크게 주목을 끌었다.

　천관우는 1972년 9월부터 1973년 5월에 걸쳐서 시사 월간지인 『신동아』에 '한국사의 조류(潮流)'라는 이름으로 게재한 연재물 가운데 먼저 『일본서기』의 한국사 관련 기사에 대해 근본적인 의문을 제기하였다. 그는 이를 근간으로 삼아 1977년과 1978년에는 계간지 『문학과 지성』에 상, 중, 하의 3편으로 구성된 「복원(復元) 가야사」란 논문을 발표하였다. 국내 측의 유관 사료가 지극히 빈약한 가야사를 제대로 복원해 내기 위해서는 많은 관련 자료가 실려 있는 『일본서기』가 부득이 활용되지 않을 수가 없었다. 그런 목적 하에 『일본서기』의 임나 관련 기사를 치밀하게 검토한 결과 상당 부분은 원문의 왜를 백제로 고쳐 읽을 때 비로소 전후 문맥이 전혀 통하지 않거나 불합리했던 기사가 한층 순조롭게 읽힌다고 주장하였다. 그래서 원래의 사료에 보이는 주인공은 백제였는데 『일본서기』의 편찬 과정에서 그것이 왜로 왜곡・변조되었다는 것이다. 그런 시각에서 사료를 분석한 결과 임나일본부란 일본 천황에 의한 식민통치기관이 아니라 백제가 낙동강 유역의 가야 지역에 진출해서 군사적 활동을 추진하기 위해 병력을 주둔시 킨 사령부였다는 결론을 끌어내었다. 그래서 이를 흔히 백제 군사령부설(百濟軍司令部說), 또는 주체교체설(主體交替說)이라고도 부른다.

천관우의 이런 주장은 『일본서기』에 보이는 몇 가지 점에 대해 기초적 의문을 품은 데서 출발한다. 과연 신공기 49년조 의 기사처럼 당시 왜의 백제에 대한 영토 할양이 가능한 상황 이었는가, 신라를 공격하기 위한 병력 집결지인 탁순이 일본 의 연구자들에 의해 바닷가가 아니라 오늘날 내륙 깊숙한 대 구로 비정되고 있는데 그것이 과연 가능한 일인가, 가야 공략 에 중심적 역할을 한 인물인 목라근자(木羅斤資)는 본디 백제 장 수인데 왜 하필 왜의 활동에 주도적인 존재로 등장하는가, 전 남 해안 지역으로 비정되는 침미다례(枕彌多禮)를 남만(南蠻)이라 부른 점은 백제에서 볼 때 비로소 제대로 된 방향으로 성립되 는 것이 아닌가, 6세기 중엽 성왕(聖王)이 가야의 지배층을 모 아 놓고 몇 차례에 걸쳐 근초고왕(近肖古王)대를 회고하면서 백 제와 가야가 그때처럼 형제 혹은 부자관계로 돌아가기를 설득 하고 있는 점은 백제의 활동을 보여 주는 것이 아닌가. 이런 등등의 의문을 근거로 삼아 『일본서기』가 의도적으로 백제 주 도로 이루어졌던 사건·사실을 마치 왜가 수행한 것처럼 바꾸 었다고 주장하였다. 이미 많은 연구자들이 지적하여 왔듯이

『일본서기』에는 상당한 조작·윤색이 가해진 것은 의심의 여지가 없는 사실이다. 일본이란 국호나 천황이라는 왕호가 7세기에 이르러야 비로소 출현하는 데도 이미 처음부터 존재한 것으로 기록한 점, 거기에 인용된 백제가 자신의 역사서 속에서 일본을 지칭하여 귀국(貴國)이라고 부른 점 등으로 미루어 『일본서기』에 많은 윤색이 가해진 것은 분명하다. 그런 점에 착목한 천관우는 8세기 초에 형성되던 소위 천황제 국가주의의 인식 아래에 편찬된 『일본서기』가 목적을 충족시키기 위하여 백제 관련 사료를 왜 중심으로 의도적으로 조작·윤색되었다고 논단하였다. 이 주장은 바로 일본고대사의 심장부를 향하여 직격탄을 날린 셈이었다.

천관우는 『일본서기』의 치밀한 사료 분석을 바탕으로 백제 군사령부를 몇 단계로 나누어 이해하였다. 신공기 49년조에 근거한 4세기의 임나일본부란 곧 백제가 가야 지역에 진출하여 7국을 평정하고 이 방면에 주둔시킨 군사령부라는 것, 5세기의 임나일본부는 백제가 낙동강 중·상류지역으로 진출한 시기에 그곳에 설치하였다는 것, 6세기의 임나일본부는 백제가 남해안으로 진출한 시기에 그곳에 둔 군사령부로 이해하였다. 말하자면 백제가 4세기에서 6세기까지 가야에 계속 주둔한 것이 아니라 필요시 군사적인 진출을 하고서 설치한 것이 군사령부라 보았던 것이다. 이와 같은 역사적 사실을 『일본서기』 편찬 시에 주어를 백제 대신 왜로 바꿈으로써 임나일본부설을 조작해 내었다고 단정하였다. 그런 입장에서『일본서기』
기사를 적극 활용하여 가야사 전반을 새롭게 복원해 내려고
시도하였던 것이다.

사실 이 주장은 천관우의 탁견이기는 하지만 전적인 창견(創
見)은 아니다. 이미 그보다 약간 앞서서 이병도(李丙燾, 1896-
1989)는 신공기 49년조에 보이는 임나 4읍의 할양에 대해 그것
이 전남 지역으로 밀려나 있던 마한의 잔여 세력이 백제에 의
해 병합되는 사정을 전하는 것이라 풀이한 바 있다. 이 또한
『일본서기』의 주체를 왜가 아니라 백제로 본 결과 도출된 것
이었다. 아마도 백제군사령부설은 이병도 견해의 영향을 적지
않게 받았던 것 같다. 한편『일본서기』를 다른 각도에서 이해
하는 분국설로부터도 영향을 일정하게 받았던 것으로 짐작된
다. 가야사의 측면에서 임나일본부설을 극복하고 나아가『일
본서기』기사를 새로 읽을 수 있는 길을 열었다는 점에서 괄
목할 만한 업적이라 평가할 만하다. 이후『일본서기』를 이용
한 연구가 활발하게 진행될 수 있는 길이 트이게 된 것이다.
1980년대 가야사 연구가 크게 진전되어 다대한 성과를 거두게
된 것은 바로 그런 영향을 크게 받았던 결과라 하겠다.

사실 천관우의 주장에는 4세기 기사만을 대상으로 할 때 대
단히 적절한 이해라 여겨지지만『일본서기』의 6세기 기사 전
체까지를 그런 입장의 연장선상에서 볼 때에는 불합리하고 무
리한 측면이 많이 엿보인다. 그래서 이를 보완하기 위하여 김

현구(金鉉球)는 4세기에는 주체교체설을 받아들여 신공기 49년조의 가라7국 평정 기사가 최종적인 목적을 마한 정복에 둔 백제의 군사 활동으로 보지만, 6세기에 백제인과 함께 활동하는 것으로 나타나는 왜인은 그와는 다르게 백제에서 채용한 용병(傭兵)이라 풀이하였다. 이들은 백제의 선진문물 전수에 대한 반대급부로서 백제에서 활동한 왜 계통의 백제인이라는 주장이다. 6세기에 보이는 왜병의 활동 속에는 그런 요소가 얼핏 찾아지지만 그를 전반적으로 확대하여 이해하기는 어려운 측면이 엿보인다.

최근의 연구 동향

1960년대에 들어와서 임나일본부설 비판의 포문이 열리면서 다양한 견해들이 봇물처럼 쏟아지기 시작하였다. 마치 오랫동안 억눌렸던 감정을 한꺼번에 터뜨리는 듯한 느낌이 든다. 물론 그를 통하여 극단적 민족 감정에 치우쳐 별로 영양가 없는 낮은 수준의 연구들도 적지 않게 나왔지만 위에서 소개한 논의들은 임나일본부설에 내재한 취약하기 짝이 없는 문제점을 구체적으로 드러내어 대안까지 검토한 업적이므로 미친 영향력은 대단히 컸다. 이제 더 이상 무조건 임나일본부설을 역사적인 사실로 고집할 상황은 아니게 되었다. 이로써 임나일본부설을 극복하는 기본적 토대는 마련되었다고 하여도 좋다. 원래 임나일본부설은 명백한 근거가 없음에도 오직 『일본서기』

를 편찬하면서 만들어 놓은 고대 한국사상(韓國史像)에 집착하여 일제 침략기 황국사관적 인식으로 바꾸어서 만들어낸 허상임이 백일하에 드러나게 된 것이다. 한국학계는 그에 대한 비판적 검토의 과정을 거치면서 상당한 자신감을 갖게 되었다.

한편 일본학계에서도 한국학계가 제기한 문제점을 어느 정도 수용하여 스스로의 연구 성과를 되돌아볼 기회를 비로소 가지면서 차츰 면모를 일신하여 갔다. 그 동안 자국사(自國史)와 관련한 황국사관 비판은 어느 정도 이루어졌으나 임나일본부설을 진지하게 반성해 보는 논의는 거의 진행하지를 않았던 것이다. 최근에 이르러서야 비로소 19세기 이후 한국사 관련 역사 연구를 되짚어 보는 반성적 차원의 연구를 내기도 하고 임나일본부설 자체를 본격적으로 재검토하는 연구가 진행되기도 하였다. 그런 과정을 통하여 비문 연구나 한일관계사는 점차 바람직한 방향으로 자리 잡혀져 가고 있다. 물론 아직은 과도기적 상태라 할 수 있으므로 그것이 말끔히 씻겨진 것은 아니지만 일정하게 새로운 경향을 뚜렷하게 보여 주었음은 괄목할 일이었다고 하겠다.

대체로 지금은 과거처럼 4세기에 천황의 직할지를 다스리는 통치기관으로서 임나일본부가 출범하고 난 이후 200년 가까운 기간이나 가야 지역을 다스렸다고 드러내어 놓고 주장하는 논자들은 거의 존재하는 않는 것 같다. 사실 그것은 『일본서기』 자체에서도 분명하게 확인되지 않기 때문이다. 그래서 4세기의 가야 관련 기사를 그대로 인정하는 긍정론은 없는 듯하며, 완전한 허구로 보든가 아니면 일정 부분 역사적 사실이 담겨져 있다고 보는 수정론의 입장으로 크게 나눠져 있다. 지난날 긍정론의 입장을 강하게 견지하여 왔던 일본학계는 현재 아이러니컬하게도 대부분 완전 부정론의 입장을 취하고 있다. 한편 한마디로 수정론이라 하더라도 구체적으로는 각양각색의 입장이 제기되어 있어 통설은 없는 실정이다. 앞서 언급한 것처럼 백제와 왜의 교섭 관계만을 보여 준다는 견해, 일부분은 5세기 초반의 백제와 가야의 관계를 반영한다는 견해, 왜를 제거하는 대신 백제를 주체로 복원하면 거의 사실로 볼 수 있다는 견해 등으로 엇갈려 상당한 입장 차이를 보인다. 6세기 중엽의 백제 성왕(聖王, 523-554)이 가야의 지배층을 불러 놓고 여러 차례에 걸쳐 4세기 중·후반 근초고왕 재위(346-374) 시절 백제와 가야의 우호관계를 굳이 여러 차례에 걸쳐 들먹이고 있는 것을 보면 백제에서는 당시 그를 이상적인 관계였다고 인식하고 있었던 것만은 분명하다. 그런데 거기에는 왜의 역할이 전혀 스며들어 있지가 않다. 어쩌면 그것이 신공기의 원래 실상일지도 모른다. 이를 후대에 조작된 허구적 이야기로 간주하려는 견해도 있지만, 『삼국사기』에도 그렇게 추론할 만한 근거들이 있어 단순히 허구의 기사로 돌리기 어려운 측면이 엿보인다. 장차 이 방면에서 연구상의 진전을 기대하여 봄 직하다.

한편 최근 가장 크게 논란의 대상이 되고 있는 것은 6세기

전·중반에 다량으로 보이는 『일본서기』 소재의 임나 관련 사료를 어떻게 볼 것인가 하는 문제이다. 편년체로 구성된 30권의 『일본서기』 가운데 6세기 전반에서 중반에 걸치는 기간인 17권과 19권의 계체기(繼體紀)와 흠명기(欽明紀)는 거의 대부분이 백제 및 임나 관계로 채워져 있다고 하여도 과언이 아니다. 그렇다면 이들 기사를 과연 어떻게 이해하는 것이 바람직한가. 기왕에 논란된 4세기의 임나일본부설을 부정하면서도 이제는 그 논의의 중심이 6세기로 옮겨져 있는 상태이다. 물론 현재 아무도 4세기의 기사를 6세기의 그것과 곧바로 직결시키지는 않는다. 『일본서기』의 6세기 기사에는 당시 일본의 씨성(氏姓)을 가진 왜인의 활동이 분명하게 확인되며 또 임나일본부라는 기구의 이름도 찾아진다. 물론 당시 임나일본부라는 이름이 그대로일 수는 없겠다. 일본이라는 국호는 7세기 중반 무렵에 이르러 비로소 제정되었기 때문이다. 그러나 일본이란 국명은 후대의 것일지라도 그에 대체될 만한 원래의 명칭이 존재하였을 것이라는 점은 충분히 인정된다. 따라서 비록 임나일본부라는 이름으로는 아닐지라도 가야와 일본과의 관계를 보여주는 다른 이름의 기구가 존재하였다고 여겨진다. 이를테면 비슷한 시기에 보이는 '안라재왜신(安羅在諸倭臣)'과 같은 형태의 기구가 아닌가 싶다. 그래서 이들 기사 자체에는 내용상 윤색된 부분이 적지 않겠지만 그 모두를 전적으로 허구로 돌리기는 어려운 측면이 엿보인다. 『삼국사기』 등에 보이는 기사와 대비하여 볼 때에도 사실성이 높다고 여겨지는 곳이 많이 찾아지기 때문이다. 그렇다면 이들 6세기 전반에 왜인 및 그와 연계하여 설치된 기구를 어떻게 해석해야 바람직할 것인가.

그에 대해서는 다양한 해석이 제시되어 있다. 왜인과 관련한 어떤 상설적인 기구가 존재한 것으로 간주하는가 하면 그와는 달리 어떤 기구가 아니라 단지 사인(使人), 사신과 같은 일시적 임무를 수행하기 위하여 파견된 개인을 지칭할 뿐이라는 주장도 제기되었다. 상설 기구라면 그 구성이 어떠한지 등도 논란의 대상이 되겠다. 순수한 왜인으로만 구성된 것으로 보기도 하고 그들과 재지의 토착세력이 연합한 구성으로 보아 회의체를 상정하기도 한다. 왜인을 파견한 주체가 큐슈(九州) 세력이냐, 아니면 야마도(大和) 세력이냐, 혹은 백제를 매개로 한 것이냐 등등을 둘러싸고도 각인각설(各人各說)의 입장을 드러내고 있어 종잡을 수 없는 형편이다. 왜인의 파견 목적이나 기구의 기능에 대해서도 의견이 분분하다. 단순히 교역적 목적에 그쳤다고 보는 견해가 있는가 하면 그와 함께 외교적 교섭을 겸한 것으로 보기도 하고, 또 특별히 정치적·군사적인 성격을 강조하는 입장도 있다. 후자의 경우에는 은근히 4세기의 신공기와 연결짓고자 하는 의도를 밑바탕에 숨기고 있을지도 모른다. 상설 기구의 존재를 설정하는 견해 가운데서도 설치 시점과 지역을 둘러싸고서 입장이 나뉘어 있다. 그러나 대체로 530년대에서 540년대에 설치되어 한시적으로 기능한 것으로 보는 견해가 우세한 편이다. 기록상으로는 그들의 활동이나 기구가 이 기간밖에 확인되지 않기 때문이다. 그들의 기구가 설치된 지역은 대체로 경남 함안의 안라(安羅)라 보는 쪽으로 의견이 모여져 가고 있다. 다만 그를 설치한 주체에 대해서는 왜국으로 보는 입장과 가야제국으로 보는 입장으로 크게 엇갈린다.

어떻든 임나일본부설을 둘러싼 최근의 동향을 일별하면 6세기에 임나일본부라는 이름은 아니어도 특정한 목적의 기구 혹은 왜인이 활동하고 있었던 사실만은 대체로 인정되고 있다. 다만 이를 과거처럼 4세기에 설치된 그것의 연장선상에서 이해하려고 하지는 않는 것이다. 4세기의 임나일본부 설치에 관한 기록을 인정하기에는 그것이 너무나 허구적인 내용으로 가득 차 있다는 사실이 명백히 드러났기 때문이다. 그리고 정치적·군사적인 활동을 실제로 보여 주는 내용은 없으므로 그 성격을 교역적·외교적인 것이라고 한정적으로 이해하려는 견해들이 많은 편이다. 다만 그 성격은 확연하게 드러나지 않아 장차 해명되어야 할 과제로 넘겨져 있는 상태이다.

2) 부정할 수밖에 없는 근거

몇 가지 핵심적 근거

그 동안 진행된 연구 성과를 종합적으로 검토하면 4세기 이후 6세기에 이르기까지 식민통치기관으로서의 임나일본부설을 허구로 단정할 수밖에 없는 몇 가지 명백한 근거가 존재한다. 이로 말미암아 일본의 연구자들도 전부는 아니지만 상당수가 결국 부정론을 수용할 수밖에 없었던 것이다.

첫째, 다른 무엇보다도 가장 중요한 결정적 근거는 그를 증명하여 줄 만한 고고학적 증거를 단 한 건도 찾아내기가 어렵다는 사실이다. 만일 그 주장대로 이백 년 동안 낙동강 유역을 정치적·군사적으로 지배하였다면 그를 보증하는 물증이 없어서는 안 된다. 파견 관료의 상당수는 거기에서 사망하였을 터이고 그렇다면 묘제 특히 전방후원분과 같은 특징적인 일본식 묘제가 영산강이 아니라 낙동강 연안에서 확인되어야 마땅하다. 외형은 꼭 그러하지가 않더라도 적어도 왜 계통의 내부 구조를 갖춘 뚜렷한 묘제라도 찾아져야 한다. 그리고 그와 함께 왜계의 유물도 일부 출토되어야 마땅할 터이다. 앞서 언급하였듯이 일단 문헌상의 정리를 마치고 난 뒤인 1902년 이후 1945년에 이르기까지 엄청난 인적·물적인 자원을 투여하여 그를 증명하려고 부단한 노력을 기울였다. 일부는 정식의 발굴을 거치기도 하였다. 물론 상당수는 오늘날 기준에서 본다면 도굴 혹은 유적 파괴나 다름없는 보물 찾기식으로 진행되어 수많은 폐해를 남겼다. 그럼에도 낙동강 전역을 아무리 샅샅이 뒤져내어도 임나일본부를 입증할 만한 물증을 결코 발견할 수가 없었던 것이다. 조사에 참여한 연구자가 마침내 그를 고고학적으로 증명하기란 불가능하다고 스스로 실토하지 않으면 안 될 지경이었다. 해방 이후 지금에 이르기까지도 우리 손으로 무수하게 진행된 고고 발굴에서도 그를 입증할 만한 증거들은 전혀 나타나지 않았다. 그 동안 이를 지켜보던 일본 측 연구자들이 속으로 은근하게 기대를 걸었을지 모르지만 그 희망은 끝내 무산되고 만 것이 실상이다. 근자에 이르러 원래 지녔던 주장을 거의 포기하고 대신 6세기 쪽으로 깊게 관심을 기울이는 추세는 바로 그런 결과라 하겠다.

둘째, 우리 측 문헌에는 그를 증명할 만한 어떤 편린도 보이지 않는다는 사실이다. 임나일본부설은 오로지『일본서기』에만 근거하여 제기된 주장일 따름이다. 어떤 경우라도 기록의 신빙성이란 상대적이지만 한국사 관련 부분을 다루면서 우리 측 사서를 전혀 고려의 대상으로 삼지 않았다는 것은 접근 방법론상 근본적 문제를 지닌 것이었다. 과거『삼국사기』등 우리 측 기록에 그와 같은 내용이 보이지 않는다고 하여 이들을 위서(僞書)라고 비난한 억설까지 제기된 적도 있었다. 광개토왕비문의 출현으로 차라리 한국 측 사서의 우위성이 입증되었음에도 불구하고 애써 그를 외면해 버리려 하였다. 만일 임나일본부가 실재하였다면 아무리 증거를 없애려고 애를 써도 완벽하게 조작해 내기란 불가능하였을 터이다. 어떤 형태로건 약간의 흔적은 남겼을 법하다. 더구나『삼국사기』에는 왜가 신라의 변경 뿐만 아니라 왕도에까지 침범하여 노략질하는 내용도 버젓이 실려 있다. 만일 의도적으로 없애려고 마음먹었다면 그런 기록조차도 남겨졌을 리 만무하다. 따라서 임나일본부설과 관련한 기록이 전혀 없다는 것은 그것이 실재하지 않았기 때문으로 풀이하는 것이 합리적인 접근 방식이다. 정말 『삼국사기』 찬자가 없애려고 시도하였다면 왜와 관련한 일체의 기록을 철저하게 말살해 버릴 수도 있었을 터이기 때문이다.

여하튼 우리 측 사서에 대해서는 일말의 고려도 없이 오로지 『일본서기』만으로 재구성한 임나일본부설이 얼마나 취약하였던가를 보여 주는 사례라 하겠다. 이미 일찍이 증명되었듯이 『일본서기』는 기년부터 잘못된 것이며 그 내용도 지극히 설화적일 뿐만 아니라 불명확한 기사들이 많아 고대사서로서는 수준이 별로 높지 않은 것으로 분류된다. 그런 입장에서 5세기 이전의 기사에 대해서는 일본사에서도 액면 그대로는 받아들이지 않음이 대세이다. 그럼에도 유독 임나일본부설에 대해서만은 굳이 사실로 믿으려는 고집을 피웠던 것이다. 오랜 선입견과 편견에서 비롯한 왜곡된 한국사상을 쉽게 버리지 못하는 관행 탓이었다. 거기에 현실의 정치적인 해석이 덧씌워졌던 것이다.

셋째, 『일본서기』 내용 자체가 지닌 문제점이다. 임나일본부설 주장의 근간이 된 신공기 49년조는 황당한 설화적 내용일 뿐만 아니라 전후맥락이 닿지 않는 모순투성이로 가득 차 있다. 가령 백제와 신라의 공물이 서로 바꿔치기 된 사정도 그러하지만 신라의 죄상을 응징하기 위한 목적에서 병력을 동원하였으면서도 정작 그에 대한 기록은 단지 '신라를 쳐서 격파하였다'는 대단히 싱거운 내용만 보일 따름이고 대신 가라 7국을 평정하고 나아가 병력을 돌려 전남 지역으로 진출하여 그를 백제에게 주었다는 것은 비교적 자세하게 다루었다. 본말이 전도되어도 그 정도가 한참 지나치다고 하겠다. 그래서 철저한 문헌고증을 표방한 일부 논자는 임나일본부설을 신봉하면서도 그 기사를 그대로 받아들이려고 하지는 않았던 것이다. 19세기 말부터 오래도록 광개토왕비문에 그토록 집착하였던 이유도 바로 그 때문이었다. 이미 임나일본부설을 사실로서 굳게 믿고서 설정해둔 뒤에도 심히 불안을 느낀 나머지 광개토왕비문을 적극 활용하여 그를 더욱 입증하려고 시도하였던 것이다.

넷째, 720년에 편찬된 『일본서기』보다 8년 앞서는 712년에 쓰인 일본 최고(最古)의 사서인 『고사기(古事記)』에는 임나일본부설을 추정할 만한 어떤 편린(片鱗)도 보이지 않으려니와 심지어는 임나란 단어조차 단 한 차례도 찾아지지 않는다는 사실이다. 만약 임나일본부가 실재하였고 그와 관련된 사료가 남아있었다면 『고사기』에 실리지 않았을 리가 만무하다. 그럼에도 그와 관련된 아무런 흔적이 보이지 않는 것은 상식적으로 잘 납득이 되지 않는 부분이다. 이 점은 임나일본부설이 출현하게 되는 배경을 생각하는 데 눈여겨보아 두어야 할 대목이다. 임나일본부설이 712년 『고사기』가 완성된 이후 다시 『일본서기』를 찬술하기로 한 결정이 내려지기까지 그 사이에 특정한 목적을 띠고서 조작되기 시작하였음을 시사해 주기 때문이다. 특히 그것이 바로 『고사기』 대신 다시금 『일본서기』를 편찬하려 한 주요한 목적이기도 하였을 듯하다. 『일본서기』는 『고사기』와는 달리 임나일본부설을 넣음으로써 드디어 관찬(官撰) 역사책으로서의 소임을 다하였던 것이다. 이는 『일본서기』에서 임나일본부설이 차지하는 비중이 그만큼 컸음을 뜻한다.

위에서 제시한 몇 가지 사실 때문에 결국 임나일본부설은 전적으로 부정될 수밖에 없었다. 다만 일본 연구자들이 그토록 사실로서 집착해 온 유력한 근거는 광개토왕비의 신묘년조 기사 때문이었다.

신묘년조 기사를 끊어 읽는 방식에 대해서는 논란이 많다. 일본학계에서는 앞서 소개한 방식 혹은 그와 약간 차이가 나나 대동소이한 독법(讀法)들이 지금까지 통설로 되어 왔다. 반면 우리 학계는 대체로 위당 정인보가 제시하였던 견해가 널리 받아들여지고 있는 상황이다. 정인보는 신묘년을 일본학계처럼 읽는다면 광개토왕의 훈적을 나타내는 비문의 원래 서술목적과 크게 어긋난다는 점, 왜가 백제를 쳐서 신민으로 삼았다는 사실은 당시 그들이 백제와 우호관계를 맺고 있었던 역사적 사실과 전혀 맞지 않는다는 점, 기사의 가장 큰 쟁점이

되는 '왜이신묘년래도해파(倭以辛卯年來渡海破)'의 '래도해'를 '바다를 건너왔다'는 표현이 되려면 '도래'가 되어야 마땅하다는 점 등을 주된 근거로 삼아 '래'자와 '도'자 사이를 끊어 '왜가 오자 고구려가 바다를 건너 그를 쳤다'고 해석하여 바다를 건넌 주체를 고구려로 간주하고 격파 당한 객체를 오히려 왜로 보아 기왕과는 전혀 반대의 신설을 제시하였다. 이 견해는 1939년 무렵 작성되었지만 사정상 곧바로 공간되지 못하다가 1955년에 이르러 비로소 알려지게 되었다. 이후 바다를 건넌 주체를 고구려로 보는 정인보의 주장을 발판으로 삼아 신묘년 기사를 다양하게 해석하는 견해들이 속출하였다.

그러나 이 견해는 문제점을 지니고 있음이 널리 지적되었다. 먼저 '건너왔다'는 표현으로 '도래'란 단어가 지극히 어색하다는 주장에 대해서는 달리 여러 사례가 있으므로 이는 사실상 타당성을 결여한 주장이라 판명되었다. 둘째, 당시 백제와 왜의 우호관계로 보아 부당하다는 지적에 대해서는 그것이 고구려 측의 입장이 반영된 것이므로 사실성 여하와는 전혀 상관이 없다는 점이 지적되었다. 셋째, 비문이 광개토왕의 훈적을 나타내므로 왜 중심의 활동을 기재하였을 리 만무하다는 지적에 대해서는 오늘날의 선입견적 인식에 바탕한 것으로서 무조건 적절한 판단이라고 할 수는 없다. 사실 정인보처럼 끊어 읽을 때 하나의 문장에서 주어가 달라져 불분명해지고 목적어도 생략된 채 뚜렷하지 않게 되는 난점이 엿보인다. 따라서 이 기사는 아무런 선입견 없이 바라볼 때 왜가 바다를 건너와서 고구려가 자신의 신민(臣民)으로 인식하여 천하질서 속에 넣어 두었던 백제와 신라를 격파하였다는 것으로 이해함이 올바를 듯하다. 다만 핵심적인 문제는 그것 자체가 사실이냐 아니냐의 여부에 달려 있는 것이다.

신묘년 기사는 첫째, 다른 기사가 편년체적으로 서술된 반면 이는 그 다음에 이어지는 병신년 기사의 도입부에 해당하는 전치문적 성격의 기사인 점, 둘째 신묘년 자체가 광개토왕의 즉위년(391)으로서 막연하게 총체적인 표현을 하고 있는 점 등으로 미루어 볼 때 정상적인 훈적 기사와는 기본적으로 그 성격을 달리한다(그래서 다른 기사와 대등하게 신묘년조라 부르는 것은 사실상 부적절한 표현이다. 여기서는 단지 관행대로 편의상 그렇게 불렀을 뿐이다). 이는 고구려 측의 입장에서 왜 및 그와 결탁한 백제를 치기 위한 명분으로 제시한 것이며, 따라서 의도적으로 과장하여 내세운 문장이다. 그 까닭으로 그 자체에는 사실성이 별로 담겨져 있지 않다고 봄이 일반적이다. 설사 그렇지 않다고 하더라도 그것으로서 임나일본부설을 주장하는 주요 근거로 삼는 것은 억지논리에 지나지 않는다.

광개토왕비문에 왜의 활동 사실이 여러 차례 보이지만 이는 백제를 전제로 할 때 비로소 이해가 가능한 기사이다. 비문의 표현 그대로 왜는 줄곧 백제와 화통(和通)해서 활동하였던 것이다. 그러므로 임나일본부설을 증명하여 주는 결정적인 근거로는 결코 될 수가 없다고 하겠다.

『일본서기』의 편찬 배경과 목적

그렇다면 무엇보다 중요한 근원으로 다루어야 할 문제는 임나일본부설이 『일본서기』에 실리게 된 배경이랄지 혹은 이유에 대해서이다. 그를 군이 조작하면서까지 역사서에 싣게 된 동기나 배경을 밝히는 것이 무엇보다도 긴요한 일이다. 그 수수께끼를 제대로 풀어내지 못한다면 『일본서기』가 없어지지 않고 변함없이 역사서로서 기능하는 한 장차 언젠가는 현실의 정치 상황과 맞물려서 임나일본부설이 되살아날 여지를 항상 안고 있는 것이기 때문이다. 현재는 임나일본부설이 잠시 수면 밑으로 잠긴 상태이지만 상황이 달라진다면 아래의 부분이 수면 위로 새로 떠오를지도 모른다. 전방후원분의 출현으로 그럴 가능성은 충분히 입증되었다. 따라서 우리는 그를 뿌리째 뽑아내어 그와 유사한 주장이 다시는 나오지 못하도록 하기 위해서는 『일본서기』에 그것이 실리게 된 배경과 조작의 동기를 철저하게 규명하여야 한다. 그러지 않고서는 임나일본부설이 완전하게 극복되었다고 영원히 단언하기는 어려울 터이다.

『일본서기』에는 편찬의 시말(始末)을 전해줄 만한 서문(序文), 발문(跋文), 상표문(上表文) 등 어느 것 하나 남아 있지 않아 참여자나 배경, 목적 등 가장 기본적인 사항에 대해서는 잘 알 수가 없는 상황이다. 그래서 그를 둘러싸고는 여러 가지로 견해가 분분하다. 다만 여기저기에 흩어져 있는 극히 단편적인 사실을 긁어모아서 대강만을 추정하여 볼 따름이다.

『일본서기』의 편찬이 본격적으로 추진된 것은 714년의 일이다. 당시 사인친왕(舍人親王)을 책임자로 하고, 기노기요히또(紀淸人)와 미야께후지마로(三宅藤麻侶) 등이 편사관으로서 편찬을 실질적으로 담당하였다. 원래 682년 국왕 천무(天武)의 명령으로 역사서의 편찬이 처음으로 착수되었고, 그 결과 712년 오노야스마로(太安萬侶)에 의해서 완성을 본 것이 바로 『고사기』였다. 그런데 채 2년도 지나지 않은 714년의 시점에서 다시 국사를 편찬하도록 결정한 것은 『고사기』로서는 아무래도 무엇인가 충족되지 못한 미심쩍은 부분이 여전히 남아 있었기 때문으로 풀이된다. 아마 『고사기』의 편찬이 처음 기획될 때 설정한 목적을 제대로 만족시켜 주지 못한 데서 비롯한 것일 듯 싶다. 그런 불만 사항의 구체적인 내용을 알아내기는 쉽지 않으나 편의상 두 사서를 비교하는 방법을 통하여 잠정적으로 추정할 수밖에 없다.

두 사서의 비교에서 가장 두드러지게 드러나는 차이점 몇 가지만 간략히 지적하면 『고사기』는 일본식 한문으로 쓰여진 반면 『일본서기』는 비록 그리 수준 높은 문체라 할 수는 없지만 순수한 한문으로 쓰여진 점, 양자가 양적으로 엄청나게 차이가 나서 『일본서기』가 10배 가까이 많은 분량으로 이루어진 점, 한반도 관계의 기사가 대폭적으로 늘어난 점 등이다. 두 사서에서 양적인 차이가 두드러진 것은 어쩌면 한반도 관계 기사가 늘어난 점도 크게 영향을 미쳤을 터이다. 그 가운데 대종(大宗)을 이루는 것은 역시 백제와 임나 관계의 기사이다. 특히 『고사기』에는 임나 관계 기사가 단 한 줄도 보이지 않는 사정을 감안하면 『일본서기』의 편찬에는 그 점이 깊이 고려되었다고 단정하여도 그리 틀리지 않을 듯 싶다.

일본은 702년 신라의 영향을 받아 율(律)과 영(令)을 함께 갖춘 대보율령(大寶律令)을 반포함으로써 율령제에 입각한 천황제 국가 확립의 길을 걸어가고 있었거니와 한편 그런 분위기에서 이제 그를 뒷받침해 줄 국가주의적 지배이데올로기 정립이 요청되고 있었다. 710년 평성경(平城京)으로의 천도나 오래도록 시도되어 왔던 『고사기』의 편찬이 이루어진 것도 바로 그런 배경 아래에서였다. 한편 당시 겉으로는 비교적 평온한 듯이 보이면서도 신라와의 긴장관계가 크게 고조되던 시점이었다. 따라서 그런 당면한 대내외적인 문제를 동시에 해결해줄 이데올로기가 절대적으로 필요하였다.

718년에 이르러 기존의 대보율령을 보완하여 양로율령(養老律令)을 반포함으로써 일본의 율령제는 사실상 거의 완성을 보게 된 셈이었다. 이들 율령에서는 중국의 당(唐)을 인국(隣國)으로 여기고, 신라는 오랑캐의 나라로서 조공의 대상인 번국(蕃國)으로 여기는 인식을 갖고 있었다. 율령상에서 신라를 조공국으로 보려는 인식이 곧 역사 서술상에 그대로 반영되지 않을 수가 없었을 터이다. 아마도 지배체제의 정비 과정에서 그런 대외 인식을 국가의 공식 역사 속에 착실히 반영하려는 것이 사서 편찬의 주된 목적이자 임무였다. 결국 먼저 편찬된 『고사기』가 공식적인 국사로서 자리 잡지 못하게 된 것도 그런 현실의 대내외적 문제점을 완벽하게 해소해 주지 못하였기 때문이다. 그래서 이 책은 편찬되자마자 곧바로 공식 역사서로서의 기능을 하지 못하는 거의 무용지물의 상태로 전락하고 말았다. 그에 대신하여 편찬된 것이 『일본서기』였다. 이 책은 완성되자마자 이후 정식의 국사(國史)로서 뿌리내리게 되었다.

당면의 두 가지 목적을 동시에 충족시켜 주는 내용이 거기에 실려 있었으니 그것이 바로 새로이 만들어진 임나일본부설이었다. 『고사기』에는 임나란 용어조차 보이지 않다가 갑자기 『일본서기』에 커다란 비중을 갖고 등장한 것은 그런 사정의 일단을 증명하여 준다. 말하자면 임나일본부설의 기초는 『고사기』 편찬 이후 그에 대한 불만을 해소할 목적에서 『일본서기』를 편찬하면서 급조해낸 작품이었다고 하겠다.

조작의 주체와 목적

『일본서기』에 보이는 적지 않은 한반도 관련 기사는 그곳의 역사적 환경과 지리·문화 등 제반 사정에 밝은 백제계 망명 인사들의 도움을 상정하지 않고서는 서술되기 어려운 대상이다. 『백제기(百濟記)』·『백제본기(百濟本記)』·『백제신찬(百濟新撰)』

등 소위 백제 3서(書)로 불리는 백제 계통 역사서가 임나 관련 기사의 서술에서 널리 인용된 점이라거나 편찬 주도자로서 백제계 망명인이라 추정되는 기노기요히또가 보이는 사실은 바로 그를 증명한다. 그들은 『일본서기』 편찬에 참여하면서 나름대로 설정한 목적을 충실히 달성하려고 애썼던 것으로 짐작된다. 한반도 관계 기사를 서술하면서 백제 3서와 같은 백제 측의 사서를 대량으로 동원한 것도 바로 그들이었을 것이다. 그러나 그들은 원래 기록 그대로를 활용한 것 같지는 않다. 가령 자신들의 역사서인 『백제기』를 인용하면서 일본을 지칭하여 귀국(貴國)이라는 미칭(美稱)을 의도적으로 사용한 것은 원래의 기록을 일정 정도 변개(變改)시켰음을 여실히 보여 주는 사실이다. 그들은 천황제국가를 대상으로 자신들이 설정한 목표를 달성하기 위해서는 기록의 조작이나 윤색과 같은 일도 서슴치 않고 자행하였다. 이처럼 임나일본부설 성립에는 이들 백제계 망명인들이 깊이 연루되었던 것으로 여겨진다. 말하자면 임나일본부설은 다름 아닌 한반도 사정에 정통한 백제계 망명귀족들이 적극 나서서 만들어낸 논리였다고 하겠다.

그렇다면 왜 어떤 의도에서 백제계 망명 귀족들이 임나일본부설을 탁상에서 만들어내었을까 하는 의문은 당연히 가져 봄직하다. 그들은 백제 멸망 후 오래도록 부흥의 꿈을 쉽사리 버리지를 못하였다. 백제 의자왕의 아들로서 당시 일본에 가 있던 선광(善廣)은 백제가 멸망한 뒤 스스로 백제왕이라고 칭하였다. 백제를 되살려 내겠다는 의지의 표명이다. 그러다가 백제 왕이란 자칭의 직명이 얼마 뒤에는 그들 후예들 사이에 씨성 (氏姓)으로 기능하면서 선광과 혈연관계를 맺은 인물들 사이에서 계속 이어져 사용되었다. 그들은 비록 관위(官位)를 부여받아 일본의 관료조직 속에 편입되었지만 백제를 부흥시키려는 꿈을 결코 버리지 않았던 것이다. 백제 멸망 뒤 일본에다가 일종의 망명정권이 꾸려진 셈이었다.

그 뒤 699년 고구려의 후예들이 중심이 되어 진국(震國)이란 국명으로 출현한 발해의 건국은 그들이 지녀온 희망을 실현시키도록 한층 자극하였을 것으로 보인다. 그렇지만 백제 유민들에게는 자신의 꿈을 실현할 수 있는 현실적인 힘, 즉 목적을 실질적으로 이루어낼 수 있는 아무런 군사적 기반이 없었다. 그를 기어이 이루어내고자 한다면 기대를 걸 만한 곳은 오로지 일본 천황의 도움을 받는 길 뿐이었다. 그래서 망명 귀족들은 그런 길이 어디에 있을지를 오래도록 고심하다가 마침내 발견해 낸 방안이 지난날의 역사를 활용하는 것이었다. 때마침 『고사기』가 편찬되었으나 그 내용이 당시 지배층의 마음에 전혀 들지 않아 새로이 국사(國史) 편찬을 시도하고 있던 때였으므로 백제의 망명 귀족들은 거기에 적극 동참하였다. 이처럼 당시 현실적인 필요성에서 요청되고 있던 지배이데올로기에 부합하는 동시에 그들의 장래 희망을 실현시켜 줄 수 있는 하나의 유력 방안으로 창안해 낸 것이 바로 고대의 임나일본부설이었다.

임나일본부설에서 가장 핵심을 이루는 내용은 임나를 천황의 직할 영역으로 여긴다는 점이다. 그를 위한 전제로 가라를 비롯한 유력한 세력 7국을 천황이 보낸 병력이 평정하였다는 사실이 필요하였다. 그래서 망명귀족들이 갖고 간 기존의 백제 역사서나 그들 씨족 중심의 기록을 동원하여 임나가 곧 천황의 영토란 사실을 엉성하게나마 꾸며낸 것이다. 그럴 듯하게 보이게 하기 위하여 백제의 역사서를 인용하면서 내용조차 그에 맞추어 조작하였다. 이미 언급하였듯이 그 자체 전적으로 가공의 사실로 만들어낸 허구가 아니라 백제의 낙동강 유역 진출을 모티브로 삼아 주체를 왜로 바꿈으로써 나온 것이었다.

그런데 왜병이 확보하였다는 땅은 임나의 영역만이 아니라 전남 지역 일대까지 포함되어 있었다. 이 지역을 수중에 넣고 난 뒤 그 일부를 곧바로 백제에게 사여해 주었다고 한다. 사실 천황에 의한 영토 할양 기사는 『일본서기』에는 여러 군데에 걸쳐서 보인다. 가령 475년 백제의 웅진(熊津, 공주) 천도에 대해서도 왜가 영토를 백제에게 주어 재건시킨 것으로 설정되어 있다. 백제에게 영역을 할양하는 내용은 임나일본부설 창안의 본래 목적이 어디에 있었는가를 충분히 엿보게 하는 대목이다. 이후 6세기에도 여러 차례에 걸쳐서 백제와 가야 사이에 영역 싸움이 벌어졌을 때에도 언제나 백제의 손을 들어주어 그들에게 영토를 할양하는 방식으로 정리하였다. 이는 결코 소홀히

보아 넘길 수 없는 대목이다.『일본서기』편찬에 간여한 백제
계 유이민의 의도를 그런 방식으로 곳곳에 드러내고 있기 때
문이다. 사실 앞서 언급하였듯이 전남 일부 지역의 할양은 백
제가 이 방면으로 밀려나 있던 마한의 잔존 세력을 제압한 사
실을 두고 주체를 바꾸어 왜곡한 것이었다. 그렇게 본다면 백
제의 가야 진출은 사실상 마한 잔여 세력을 두 방향에서 협공
하기 위한 전략에서 진행된 일시적인 작전이었다고 하겠다.
따라서 백제가 잠시 장악한 적이 있던 낙동강 유역에 대해서
는 성왕의 주장처럼 일시적으로 우호관계를 맺어 영향권 아래
에 두는 방식을 선택하였다. 백제로서는 그것이 한결 유리하
였기 때문이다.

여하튼 이로써 사실상 백제가 고토를 회복할 만한 약간의
실마리는 갖춘 셈이었다. 천황의 병력을 한반도로 끌어내어
평정한 영역 가운데 일부를 할양 받음으로써 백제를 부흥시키
려는 시나리오가 만들어진 것이다. 그것은 비록 흘러간 과거
의 일에 불과하였으나 또 장차 이루어야 할 과제이기도 하였
다. 왜냐하면 그 천황의 영역을 8세기 현재의 시점에서 장악하
고 있는 것은 적대 세력 신라였기 때문이다.

천황의 병력을 이끌어내기 위해서는 8세기 당시 당면한 적
대 세력인 신라에 대한 공격을 적극 유도하지 않으면 안 되었
다. 그래서『일본서기』에는 거의 변함 없이 신라가 왜의 적대
세력으로서 공략의 대상으로만 나타난다. 신라를 공략하지 않

으면 백제의 부흥을 이루기는 사실상 불가능한 일이었다.『일
본서기』에서 비록 큰 명분이 없으면서도 신라를 줄기차게 공
략 대상으로 설정해 둔 것도 바로 그 때문이었다. 사실 기왕의
가야 영역을 천황의 직할지로 설정한 것은 결국 신라를 공략
할 수 있는 병력을 이끌어내기 위한 방편적인 사실로서 조작
한 것일 따름이다. 백제 귀족들은 임나를 과거 천황의 직할지
로 설정해 놓고서 그를 탈환할 명분으로 병력 동원을 부추겨
신라를 공격하고 임나 영역을 확보하는 대신 자신들은 천황으
로부터 일부를 사여받는 형식으로 잃어버린 옛 땅을 수복하려
는 책략이었다.

　이상에서 언급한 것처럼 임나일본부설은 백제 중심의 역사
적인 사실을 왜를 중심으로 고쳐서 조작한 것이지만 그 주체
적 역할을 담당한 것은 어디까지나 백제계 망명 귀족이었다고
생각된다. 그들은 가야를 과거 오래 전 천황의 직할지로 설정
하고 현재 그곳이 신라에 의해 장악된 상황임을 크게 부각시
켜 일본이 그를 공격하여 임나를 장악하게 하고 나아가 잃어
버린 고토까지 확보하여 천황으로부터 사여받음으로써 멸망한
백제 왕조를 부활시키고자 염원하였던 것이다. 그를 실현시키
기 위하여 8세기의 현실 인식에서 만들어낸 논리가 바로 임나
일본부설이었다고 하겠다. 가야가 그 대상이 된 것은 이미 6세
기 중엽에 멸망하여 그 역사서가 남겨져 있지 않고 조작하기
가 용이한 측면이 작용하였을 터이다.

4. 예상과 과제

1) 한국사 연구와 애정

역사란 크게 사실과 해석의 두 부분으로 구성된다. 사실에 토대하지 않은 해석은 픽션에 불과할 따름이다. 반면 어떤 경우라도 사실에 대한 해석이 뒤따르지 않는 경우란 결코 존재할 수가 없다. 사실·사건의 단순한 나열이란 너무나 무미건조하여 별로 큰 의미를 갖지 못한다. 인과관계를 따라 서술하다 보면 저절로 해석이 들어가기 마련인 것이다. 때로는 해석여하에 따라 같은 사실조차 간혹 다른 모습으로 비쳐지기도 한다. 이처럼 사실과 해석이란 동전의 양면과 같은 것이다. 역사에서 해석은 불가피하나 그러나 모름지기 정확한 사실에 근거하지 않으면 안 되는 것이다. 사료가 빈약한 분야일수록 더욱 더 그러하다고 하겠다. 당시 일어난 사실을 명확하게 확정짓기 위하여서는 철저하고 신중한 사료 비판의 과정이 수반되어야 마땅하다. 그렇지 않는다면 역사복원이란 결국 사상누각을 짓는 꼴밖에 되지 않기 때문이다.

그런 원칙에도 불구하고 임나일본부설은 역사 연구에서 가장 기본적 방법을 무시한 데서 출발한 가설이었다. 일단 8세기의 현실 상황 속에서 나온 고대적 인식과 기록을 아무런 사료 비판을 거치지 않고 전부를 액면 그대로 사실로서 받아들여 특정한 현실적 목적을 충족시키기 위하여 의도적으로 만들어 낸 산물일 뿐이다. 거기에는 근대역사학이 성립하면서 가장 경계하였던 역사 해석에 대한 정치적·종교적 목적이 깊이 스며들어 있어 각별히 문제가 되는 것이다. 말하자면 임나일본부설은 8세기의 인식에서 나온 기록을 그대로 사실로서 믿고 한 걸음 더 나아가 근대역사학의 외피를 두른 채 일본 제국주의 팽창기의 당면한 현실의 정치적 목적을 달성해내기 위하여 만들어낸 논리였다. 거기에는 전근대적인 요소가 그대로 녹아 있으므로 출발기 일본 근대역사학의 기형적인 모습이 그대로 온존되어 있다고 하겠다.

사실 임나일본부설은 그 자체 단순히 하나의 역사 왜곡 그것으로만 그치지 않는 데에 문제의 심각성이 있다. 일본의 식민지배를 역사적으로 정당화시켜 주는 논리로 이용되었을 뿐만 아니라 이후 일본의 일그러진 한국관 형성에도 엄청나게 큰 영향을 미쳤던 것이다. 실상과는 전혀 다르게 과대 포장되거나 왜곡된 한국사상을 만들어내는 데 작용하였다. 일반적으로 한 지역이나 국가에 대해 관심을 갖고 접근을 하면 애정이나 연민이 마음 깊은 곳으로부터 저절로 우러나오기 십상이다. 그에 대한 이해와 관심이 깊어져 갈수록 그만큼 애정의 정도도 어울리게 점점 더 높아지게 되는 법이다. 그렇지 않으면 결코 오랜 기간 관심과 연구의 대상으로서 기조를 유지해갈 수가 없기 때문이다.

서양인으로서 일찍이 일본미술사에 처음 관심을 갖고 박사 학위를 받고 오랜 기간 일본에 체재하며 깊이 연구를 진행하던 존 카터 코벨(1910-1996)이라는 여성은 일본 고대미술의 본래 뿌리를 찾아나서 중국미술사에 접근하였다. 그러나 중국의 미술 문화와 일본의 그것과의 사이에는 직접 연결시키기 어려울 정도로 간극이 워낙 커서 스스로 양자는 별 상관성이 없다는 결론을 내렸다. 그래서 그녀는 대상을 다시 한국미술사로 돌려 관심을 기울이기 시작하였다. 애초에 기초적 조사를 목적으로 하여 약 3개월 일정의 한국 여행을 계획하면서 체류하였으나 무려 9년 수개월간이나 머물다가 돌아갔다. 그 동안 일본 미술의 근원이 한국에 있음을 확인하였음은 물론이다. 그런 과정을 통하여 마침내 한국 미술 뿐만 아니라 한국에 대한 깊은 애정을 자연스레 체득해 갔던 것이다.

일제 때 여러 방면에서 한국에 대한 관심을 가졌던 사람 가운데 진지한 작업을 통하여 깊은 사랑과 애정을 갖게 된 사람이 그리 드물지는 않다. 가령 일본 민예(民藝)운동의 창시자로 알려진 야나기 무네요시(柳宗悅, 1889-1961)는 조선의 도자기에 폭 빠져 조선 미술의 아름다움을 예찬하고 그를 만들어낸 조선인에 대한 깊은 애정과 연민을 표명하였다. 조선총독부 산림과에서 영림(營林) 사업에 종사하면서 야나기의 영향을 받아 한국의 공예 분야 전반에 큰 관심을 쏟다가 젊은 나이에 이 땅에 묻힌 아사가와 다쿠미(淺川巧, 1891-1931)처럼 한국과 한국인에 대해 그토록 애틋한 정을 보인 사람도 흔치 않다. 투철한 기독교 신앙으로 조선에 대한 식민지배와 조선총독부의 황국신민화정책을 격렬하게 비판하였다가 동경대학 교수직을 쫓겨나고 뒷날에는 다시 그 대학 총장까지 지낸 바 있던 야나이하라 다다오(矢內原忠雄, 1893-1961)가 한국과 한국인에 대해 보였던 사랑은 가혹한 식민시대를 살아간 민중들에게 커다란 힘이 되었다.

이처럼 드러난 몇몇 사례가 특수한 것이 아니라 오히려 일반적이어야 그것이 역사 연구상의 정상적 상태라 말할 수가 있다. 진정한 비판적 인식은 반드시 애정을 동반할 때 가능하기 때문이다. 한국인과 한국문화에 대한 지극한 관심을 가진 사람이라면 애정 어린 비판은 당연히 뒤따라야 할 일이다. 역의 경우라도 마찬가지이다. 그러나 일제시기를 통하여 한국역사를 전공한 연구자 가운데에는 아무도 그런 애정이 서린 지닌 비판을 가하지 않았다. 오로지 아무런 애정이 들어가지 않은 비난만 일삼았을 뿐이다. 그것은 일반적인 관례에 비추어 본다면 정말 기현상(奇現象)이라고 평가해야겠다. 오로지 비난이었을 따름이다. 반면 그들은 모두 일제의 대륙 침략과 식민지배를 미화하고 찬양한 제국주의의 충실한 신자(信者)였다. 역사 연구자 스스로 근대역사학을 표방하면서도 전근대성을 조금도 극복하지 못하였던 것이다. 이는 곧 일본 근대사학의 한계이자 동시에 한국 근대사학의 비극적 출발이었다.

2) 앞으로의 과제

해방 이후에도 그들은 기존의 연구 행태와 인식 등에 대해 별달리 반성할 기미를 보이지 않았다. 오히려 역사를 이용하여 제국주의적 침략 야욕을 충실히 채워주는 시녀로서 기능한 자신들 혹은 선배들이 마치 한 점의 잘못도 범하지 않은 양 그를 더욱 부추겨 보강하는 데 큰 힘을 쏟았다. 일단 전쟁의 패배로 말미암아 어쩔 수 없이 물러가게 되나 마치 머지않은 장래에 다시 한국으로 되돌아오기를 고대하려는 듯이 기존의 연구를 포기하지 않고 그를 승계하고 연장선상에서 진행하였다고 본다면 지나친 추정일까.

임나일본부설은 오래도록 한국사에 깊은 생채기를 남겼다. 지금에야 사정이 전혀 달라졌지만 한동안 『일본서기』를 사료로서 활용하는 것이 금기시되었다는 사실은 그를 단적으로 보여 준다. 물론 당시 아직 사료를 제대로 비판할 능력이 축적되지 못한 데서 비롯한 당연한 결과이기도 하였다. 혹시라도 자칫 그런 논리에 역이용 당할까 하는 두려움이 앞선 탓이었다. 그것이 끼친 정신적인 피해 또한 말할 수 없이 컸다. 오랜 기간 국민적인 정신병을 앓고 있었다고 하여도 지나치지 않을 정도였다. 영남 지역에서 5~6세기를 대상으로 한 고고학 발굴이 행해질 때면 언제나 매스컴에서 외쳐대는 상투적인 목소리는 "이제 드디어 임나일본부설은 극복되었다"는 구절이었다. 그러면서도 중등학교 역사교과서에는 그 가설의 편린조차 소개된 적이 없다. 한편 그런 분위기에서 일본인 연구자가 한 주장을 조금이라도 수용하거나 비슷한 이야기를 하면 사실성 여하와는 전혀 상관이 없이 무조건 식민주의 사학자의 아류로 몰아 붙여 맹렬한 비난을 퍼부었다. 일부 연구자들 가운데 세속적인 인기 영합의 수단으로서 그런 사정을 악용하는 경우도 간혹 있었다. 그로 말미암아 우리 고대사에 대한 또 다른 형태의 심각한 왜곡이 가해지기도 하였던 것이다. 한동안 왜계(倭系)가 확실한 고고 유물이 출토되면 서로 쉬쉬하면서 공개하지 않고 숨겨 두려 하여 마치 죄를 지은 듯한 두려움에 떨기도 하였다. 일종의 국민적 노이로제적 증상이 역력하였다고나 할까. 일본 근대역사학으로부터 입은 병폐가 어느 정도인지를 명백하게 보여 주는 실례들이다.

사실 가까이 이웃한 왜와는 사람의 왕래나 물자의 교류가 빈번하였고 따라서 한반도 계통의 문물이 왜로, 또 그 반대급부로서 왜계의 그것이 한반도에 나타남은 지극히 자연스런 현상이다. 문화의 낙차(落差)가 어느 정도 있는 경우에도 그러하다. 그런데도 일본열도에는 한국계의 유물은 반드시 출토되어야 한다고 여기면서도 거꾸로 한반도에는 왜계 문물이 나타나면 곤란하다고 생각하였다. 이런 생각은 근본적으로 잘못된 것이며 정상적 인식이라 할 수가 없음은 명백하다. 그것이 오랜 피해의식의 소산물임은 물론이다. 물이 높은 곳에서 낮은 곳으로 떨어지듯이 문화도 높은 선진지역에서 낮은 후진지역으로 이동함이 자연의 이치이다. 낙차가 크면 클수록 그 흐름은 일방적이 될 수밖에 없다. 해방 이후 지금에 이르기까지 수많은 고고 발굴을 통하여 그것은 너무도 명백해진 사실이다. 그리하여 최근에는 한반도에서 보이는 왜계 문물을 종합적으로 정리하여 그 성격을 밝히려는 연구도 진전되고 있다. 이제는 왜계 자료가 출토되어도 숨기려는 자세를 취하거나 꺼려하지 않는다.

　근자에는 새로운 자료 하나가 추가되어도 매스컴에서는 더이상 임나일본부설을 극복하였다고 역설(力說)하지는 않는다. 그것은 그만큼 연구 수준이 향상된 덕분이다. 오랜 노력으로 자신감을 얻은 결과라 하겠다. 역으로 임나일본부설은 근거가 없는 취약하기 짝이 없는 논설이지만 온갖 자료가 동원되어 정치적으로 주장되었던 것도 이미 뚜렷하게 밝혀진 상황이다. 사실 200년 동안 가야 영역이 천황의 직할지였다면 10여 개의 국가가 그처럼 국명을 유지하면서 오래도록 하나로 통합되지 않고 분립된 채 지탱되기 어려움에도 이런 기초적인 사항조차 외면해 버리고 말았던 것이다. 거기에는 오로지 현실 정치적으로 이용할 일념에서 하나의 움직일 수 없는 사실로 고착시켜 놓는 선입견에 입각하여 다른 사료들을 억지 춘향격으로 해석하려 하였다. 근대역사학이 요구하는 실증이라는 기본적인 사항은 철저하게 무시되었다. 그럼에도 임나일본부설에 대한 과거 연구상의 문제점을 깊이 반성하지 않고 있다가 최근에는 은근슬쩍 6세기의 임나일본부설로 관심을 옮겨서 논의를 진행하는 상황이다. 그러던 차 영산강 유역에서 전방후원분이 출토되자 한일 두 학계가 이제는 그 쪽으로 눈을 돌려 촉각을 곤두세우고 있다.

영산강 유역의 전방후원분이 임나일본부설을 역사적 사실로서 입증하여 주는 것이 아닌가 하는 의견이 최근 개진되기도 하였다. 한국학계 일각에서는 일본의 그것과 약간의 관련성조차 부정하여 명칭을 장고분이니 전방후원형고분이니 어쩌니 하면서 애써 회피하려 하였다. 발굴의 진전으로 그런 주장은 전혀 터무니없다는 사실임이 밝혀졌다. 이 전방후원분은 피장자의 성격에 대한 논의는 잠시 젖혀두더라도 유구 자체가 왜계임은 틀림없는 사실이다. 그것을 일부러 축소시키거나 왜곡되게 해석하려 해서는 안 된다. 그럼에도 굳이 다른 명칭을 사용하여 구별짓고자 한 것은 그런 피학적(被虐的) 의식의 표현이 아닌가 심히 의심되는 바다. 있는 그대로의 사실을 떳떳이 드러내어야지 숨기려는 것은 마치 손으로 태양을 가리는 격이다. 모든 것은 다 까놓은 상태에서 논의를 진행하는 것이 바람직하다.

한편 일본 학계는 영산강 유역의 전방후원분에 대해 비교적 조심스럽게 접근하는 편이지만 일각에서는 은연중 그를 임나일본부설을 증빙하여 주는 자료로서 연결 짓고자 하는 입장을 견지하고 있는 상태이다. 한갓 기우(杞憂)에 지나지 않을지 모르지만 장차 그런 경향이 증폭될 가능성이 농후하게 엿보인다. 그러나 전방후원분이 낙동강이 아니라 영산강 유역에서 출현한다는 자체는 임나일본부설을 증명해 주는 것이 아니라 오히려 그를 부정하게 하여 주는 명백한 사례이다. 지금까지 임나일본부설의 주된 논의 대상은 오직 낙동강 유역이었을 따름이다. 그러나 그것을 고고학적으로는 증명하기가 불가능하였던 것이다. 그렇다고 영산강 유역에서 그와 연결지을 만한 일말의 여지를 가질 자료가 나왔다고 하여 곧장 임나일본부설과 관련짓는 것은 어불성설이다. 그것은 오히려 임나일본부설을 완전히 부정하여 주는 자료이기도 하기 때문이다. 따라서 영산강 유역의 전방후원분 문제는 앞으로 그와는 별도의 다른 시각에서 접근함이 마땅하다.

　이상과 같이 전방후원분의 출현을 둘러싸고 전개된 최근의 흐름을 통해볼 때 한일 양국 학계는 모두 아직껏 임나일본부설의 망령으로부터 자유스럽지 못한 정신적 자세를 지니고 있음이 역력하게 드러난다. 이는 그만큼 그것이 끼친 영향이 컸음을 뜻하는 사실이다. 문제는 임나일본부의 실재 여하가 아니다. 그것이 사실이라면 명백하게 밝혀져야 하고, 사실이 아니라면 철저히 부정되어야 마땅하다. 그 자체가 사실이라고 하여도 결코 우리 역사의 치부일 수가 없다. 문제는 그것을 사실 그대로 밝히려는 것이 아니라 현실의 정치적 목적에서 이용하여 조작하거나 왜곡하려는 데에 있다. 우리가 그것이 되살아날 것을 우려하는 것도 바로 그 때문이다. 항상 일본의 역사교과서 문제나 야스꾸니 신사 참배를 예의 주시하는 것도 그런 측면에서이다. 그 위에 동북공정으로 비롯된 중국과의 문제도 만만하지가 않은 상황을 맞고 있다. 한국사가 새로운 현실의 정치적 제물이 되고 있기 때문이다.

　역사를 정치적 목적에 맞게 이용하려는 것은 어디까지나 전근대의 특성이었으나 아직까지 동북아 지역에서 그런 현황이 단속적으로 되풀이된다는 사실은 연구 수준이 아직도 그런 상태에 머문 것을 그대로 보여 주는 것 같아 안타깝기 이를 데 없다. 겉으로는 모두 세계화니 국제화니 외치면서 정작 목적은 다른 데에 있음을 드러낸 것이다. 과거를 희생양으로 삼아 다시 미래를 희생시키려는 작태에 지나지 않는다. 그에 감정적으로 대응하는 한 아무런 해결책도 찾을 길이 없을 터이다. 학문 분야의 일은 어디까지나 학문적 입장으로 맞서야 한다. 그럴 때 가장 올바른 길은 역사의 진행 과정을 체계적으로 서술해 내는 것뿐이다. 그렇지 않고 감정에 치우치는 대응을 할 때에는 영원히 평행선을 달릴 수밖에 없다. 그 결과는 불을 보듯 너무도 뻔하다. 아무에게도 결코 도움이 될 수 없는 영원히 씻을 수 없는 또 다른 상처만 남길 뿐이다.

나오면서

2011년 12월 14일자로 일본군 위안부 출신의 할머니들이 일본대사관 앞에서 1주일에 한 번씩 치루어 왔던 시위가 1000일째를 맞아 국내는 물론이고 세계적인 이목을 집중시켰다. 무려 20년 가깝도록 한 번도 거르지 않고 시위가 열렸던 것이다. 대대적인 행사를 치루면서 그 일환으로 특히 소녀상을 세우기까지 하였다. 10년이면 강산도 변한다는데 무려 20년이나 똑같은 일을 반복하여 왔다. 기네스북에 올리고도 남을 만한 기록적 일대사건이다. 그런 과정에서 연로하고 병들어 사망한 사람도 적지 않다. 대부분 팔순을 넘겨 이제 생존한 사람은 몇 분 되지 않는다고 한다.

그 사람들은 왜 그랬을까. 왜 그렇게 어렵고 힘든 행위를 감행하면서 여생을 보내려 하였을까. 그들에게는 어떤 보상으로도 결코 씻어낼 수 없을 정도로 입었던 상처와 아픔이 이루

말할 수 없이 깊었기 때문이다. 그 상처의 정도는 당해 보지 않은 우리로서는 어떤 말을 동원하여도 형언(形言)하기 어려울 터이다. 그를 말끔히 정리하지 않고서는 죽을 수조차 없다고 여겼을 것으로 보인다. 그럼에도 이렇게 큰 상처를 입힌 가해 당사자가, 책임을 져야 할 가해 국가가 그렇게 나서서 별로 반응을 보이지 않은 것은 왜, 무엇 때문인가.

전쟁의 실질적인 책임자로서 전범(戰犯)이라 할 일본 국왕이 직접 나서서 침략에 대해서 단 한 차례도 어떤 사과를 시도한 적도 없다. 위안부들을 대상으로 한 진솔한 사과는 커녕 형식적인 사과조차도 하지 않았다. 이따금씩 그와 관련한 문제가 발생하면 수상이 나서서 모호하기 짝이 없는 표현을 구사하여 당면한 곤란함을 넘기는 술책을 써왔다. 비슷한 상황이 줄곧 벌어져 왔던 것이다. 이와 같은 말장난 형식의 행태에 진정성이 깃들어 있을 리가 만무한 일이다. 그들은 이웃나라에게 엄청난 피해와 희생을 가져다주고서도 왜 정말 속 시원하게 반성하고 사죄하지 못하는 것일까. 일본은 그렇다손 치더라도 우리 정부는 왜 나서서 그런 점을 떳떳하게 직접적으로 항의하지 않는 것일까. 이런 나라가 과연 국민을 위한 나라라 할 수 있을까. 누구를 위한 나라일까. 정부가 국가적 차원에서 이웃나라가 과거에 저지른 잘못을 지적하고 시정을 요구하는데 그처럼 나서기 꺼려하는 이유는 과연 어디에 있을까. 단순히 껄끄럽게 빚어질 외교 마찰 때문인가.

온갖 상념들이 혼잡하게 뒤섞여 머리를 맴돈다. 그 가운데 확실하게 단언할 수 있는 사실은 반성하지 않으면 같은 상황이 언제고 되풀이 될 수 있다는 것을 뜻한다는 점이다. 진정한 사과는 다시는 꼭 같은 잘못을 절대로 저지르지 않겠다는 뚜렷한 의사 표명이다. 그 자체가 절대로 부끄러운 일일 수는 없을 터이다. 반성하는 자세를 취하지 않는다는 것은 곧 과거의 행위에는 잘못이 없다고 인식하고 있음을 뜻한다. 역으로 이는 같은 행위를 기회만 된다면 역시 그대로 되풀이하겠다는 의미로 풀이된다. 한일관계사를 바라보는 일본인의, 혹은 위정자의 인식 밑바탕에는 바로 그런 의문점들이 깊이 깔려 있다는 느낌이다. 우리가 굳이 남의 나라인 일본의 역사교과서를 비롯하여 흘러가버린 과거사를 지속적으로 문제 삼는 것도 바로 그 때문이다.

　여기서 임나일본부 문제를 새삼스레 들고 나온 것도 바로 그러하다. 한동안 이 문제는 한일 양국의 학계에서는 뜸해진 낡아빠진 문제로 치부되었다. 그러나 그렇게 된 요인이나 배경을 이해하는 입장에는 크게 다른 측면을 내재하고 있는 것 같다. 그 동안의 흐름을 대충이라도 살피면 우리 학계는 임나일본부 문제가 이제 완전히 해소라도 된 듯이 인식하는 경향이 짙었다. 실제로 많은 연구자들이 그렇게 여기고 있었고 그런 견해를 명백하게 표명하기까지 하였다. 마치 의기양양하게 개선장군처럼 우리 학계의 연구 성과를 일본의 연구자들이 수

궁하고 선선하게 받아들였던 듯이 선전하여 왔던 것이다.

그러나 실제 상황은 그렇지 않다. 일본의 한국사 연구자들의 경우 그에 대한 견해를 굳이 드러내어 놓고 표명할 필요나 기회가 없었다. 왜냐하면 그 자체는 기왕에 그들의 주된 관심사도 아니었고 따라서 그에 대한 자신의 입장을 뚜렷하게 내세워 표명할 필요가 없었으므로 대개 침묵하고 있었을 따름이다. 그런 상황에 대해 우리들은 우리들의 입장과 견해를 전적으로 수용하였다고 일방적 해석을 가한 것이었다.

한편 일본사 연구자들은 이미 기정사실화된 상태를 굳이 달리 해석할 기회도 없었고 그럴 필요도 없었던 것이다. 이미 임나일본부의 존재 자체를 역사적 사실로 인식한 바탕 위에서 4~5세기 일본사의 흐름이 정리되어 왔다. 현 시점에서 그것이 완전하게 일단락된 상태이므로 달리 결정적인 근거가 없다면 그를 휴지처럼 쉽게 내버릴 수가 없는 것이다. 다만 검인정의 역사교과서를 편찬하기 위해 마련한 지침 속에서 한국과의 외교적 갈등 및 마찰 등을 크게 고려하여 그를 겉으로 직접 내세워서 강하게 주장하지 않는 분위기가 저절로 조성되었을 뿐이다.

이런 까닭으로 우리 학계에서는 멋대로 마치 임나일본부 문제가 완전히 극복되기라도 한듯이 해석하여 왔다. 그러나 이는 지나친 착각일 뿐이다. 겉으로 잠잠해진 상황만 보았지 그렇게 된 배경에 대한 실제적인 이해는 전적으로 결여되어 있었다. 사실 임나일본부는 물밑에서 그대로 살아 숨 쉬고 있는 생물인 것이다. 앞으로도 역시 그럴 것이다. 그를 여실히 입증하여준 사건이 바로 영산강 유역에 산재한 전방후원분의 출현이었다. 전방후원분의 출현을 매개로 임나일본부 문제가 지속되어 왔고 또 지속될 것임을 뚜렷이 확인하게 된 것이다. 물론 지금도 일본사 연구자들은 큰 소리로 재빠르게 그를 내세우지는 않는다. 그럴 필요도 없다. 다만 이제는 『일본서기』를 어떻게 이해하면 좋을까 하는 커다란 문제로 고심하고 있기는 할 터이다. 전방후원분은 『일본서기』 자체가 기존 임나일본부설 지주(支柱)로서의 지위를 근본에서부터 뒤흔든 것이었기 때문이다. 그렇다고 그것을 완전히 포기한 것은 아니었다. 기존의 사실 자체를 고정화시켜 놓은 상태에서 그를 어떻게 이해하면 정합적으로 해석할 수 있을까를 심각하게 고민하고 있는 중인 것이다.

위안부와 꼭 마찬가지로 일본의 역사연구자들이 과거 한국사를 만신창이로 만들었지만 적극적으로 나서서 자신들의 선배들이 구축해 놓은 주장이나 인식을 적극적으로 비판하고 반성한 사례는 손꼽을 만큼 드문 일이다. 그것 자체가 자신의 파멸을 의미한다고 인식하고 있는 것이 아닌가 싶다.

임나일본부 문제가 끝나지 않고 줄곧 되풀이 되는 것은 『일본서기』란 역사서 때문이다. 거기에 그와 관련된 내용이 없어지지 않는 한 그런 주장도 완전히 사라지지는 않는다. 따라서 우리는 앞으로도 『일본서기』가 편찬되면서 임나일본부설이 나오게 된 배경을 깊이 추적하여 연구하지 않으면 안 된다. 그런 근원적인 문제가 풀리지 않는다면 임나일본부 문제는 영구히 극복되었다고 단언하기는 어려울 터이다.

역사학은 영국의 역사가인 A. J. 토인비(Toynbee)가 『역사의 연구』란 명저에서 주장한 것처럼 미래를 예측하는 학문은 아니다. 그렇다고 마냥 죽은 과거를 대상으로 삼은 이야기도 아니다. 과거가 없는 현재가 없듯이 미래가 없는 현재도 없다. 역사가는 미래를 예단해 주는 것이 아니라 과거를 매개로 삼아 장차 나아가야할 바람직한 방향과 이상을 제시함을 임무로 삼는다. 그래서 역사가는 누구라도 당면한 현재에 대한 관심을 외면할 수가 없으며, 그래서도 안 된다. 그렇게 하는 것은 곧 미래를 포기하는 것과 다름없는 행위이기 때문이다.

역사에서 다루는 과거는 현재는 물론 미래와도 연결되어 있는 것이다. 그래서 영국의 사가 E. H. 카(Carr)는 역사를 '과거와 현재와 미래의 대화'라고 하였고 이탈리아 역사가 B. 크로체(Croce)는 역사는 '현재의 역사'라고 갈파하였다. 우리가 임나일본부 문제를 다루는 것도 그것이 단지 그냥 흘러버린 과거의 일이 결코 아니기 때문이다. 그것은 과거의 문제이면서 동시에 현재의 문제이며 나아가 미래의 문제를 내포하고 있기도 하다. 위안부 문제와 마찬가지로 제국주의 식민지배와 관련된 문제가 아직껏 완전히 해소된 상태는 아니다. 우리가 관심을 기울이지 않고 자칫 방심한다면 장차 어떤 일이 어떻게 벌어질지 모를 일이다. 대단히 낡아빠진 것처럼 보이는 임나 일본부의 망령을 굳이 끄집어내서 논의의 대상으로 삼는 주된 이유도 실로 여기에 있는 것이다.

참고문헌

金錫亨, 『초기조일관계연구』, 사회과학원 출판사, 1966.

金鉉球, 『임나일본부연구』, 일조각, 1993.

김현구, 『임나일본부설은 허구인가』, 창비, 2010.

旗田巍(이기동 譯), 『일본인의 한국관』, 일조각, 1983.

다테노 아끼라 (오정환 등 譯), 『그때 그 일본인들』, 한길사, 2006.

다카하시 데쓰야(현대송 譯), 『결코 피할 수 없는 야스꾸니 문제』, 역사비
    평사, 2005.

송기호, 『동아시아의 역사분쟁』, 솔, 2007.

연민수, 『고대한일관계사』, 혜안, 1998.

연민수, 『고대한일교류사』, 혜안, 2003.

李進熙(이기동 譯), 『광개토왕비의 탐구』, 일조각, 1982.

千寬宇, 『가야사연구』, 일조각, 1991.

가노 마사나오(김석근 譯), 『근대 일본사상 길잡이』, 소화, 2004.